DEUX SIÈCLES D'ENSEIGNEMENT FRANÇAIS À NEW YORK

Le rôle des écoles dans la diplomatie culturelle

Jane Flatau Ross

Traduit par Catherine Dop-Miller

The Bilingual Revolution Series
TBR Books
New York - Paris

TBR Books est un programme du Centre pour l'Avancement des Langues, de l'Éducation et des Communautés. Nous publions des chercheurs et des praticiens qui cherchent à engager diverses communautés sur des sujets liés à l'éducation, aux langues, à l'histoire culturelle et aux initiatives sociales.

CALEC - TBR Books
750 Lexington Avenue, 9ème étage,
New York, NY 10022, USA.
www.calec.org | contact@calec.org
www.tbr-books.org | contact@tbr-books.org

Photographie : Jonas Cuénin
Design de couverture : Nathalie Charles
ISBN 978-1-636070728 (rigide)
ISBN 978-1-636070711 (brochée)
ISBN 978-1-636070735 (eBook)

Titre original : Two Centuries of French Education in New York (TBR Books, 2019)
N° de contrôle de la bibliothèque du Congrès (pour la version originale) : 2019952057

Dédicace

À mon mari, Alfred Ross, et à mes enfants, Adrian et Caroline, dont l'enthousiasme sans limite et l'appui constant m'ont donné la force de mener à bien ce projet, à mes parents, ma sœur et mon frère qui sont depuis toujours source d'inspiration.

Ce qu'ils en ont pensé

Jane Ross raconte merveilleusement l'histoire du Lycée Français de New York et son analyse est d'autant plus pénétrante qu'elle a pu puiser dans son expérience de trente ans d'enseignement à l'école. Mais elle ne fait pas que cela. Elle éclaire ce que cette histoire révèle de la diplomatie culturelle de la France, des relations franco-américaines et des défis auxquels les éducateurs sont confrontés pour adapter l'idée française de l'éducation à des temps nouveaux et des endroits divers du monde. Ce livre représente une importante contribution aux recherches sur l'éducation internationale et sur l'apprentissage à deux langues ; il ajoute une dimension nouvelle et fascinante à l'histoire de la ville de New York.

—Herrick Chapman, Professeur d'Histoire et d'Études Françaises,
New York University

La manière dont Jane Ross retrace les deux cents ans de l'histoire des écoles françaises à New York en fait un chapitre fascinant et singulier de l'histoire de l'enseignement bilingue. Comme Ross le montre, les écoles de New York ont le même objectif que d'autres programmes du même type, c'est-à-dire apporter à leurs élèves un vrai bilinguisme et une vraie compréhension des deux cultures, mais elles sont aussi uniques en leur genre, le gouvernement français exerçant un contrôle étroit sur ces écoles pour en faire de véritables antennes de l'éducation française à l'étranger. Tous ceux qui s'intéressent à l'éducation bilingue et biculturelle trouveront ce récit fascinant.

—James W. Fraser, Professeur d'Histoire et d'Éducation,
New York University

L'éducation a toujours joué un rôle majeur dans la constitution de l'identité française. Que se passe-t-il lorsque cette éducation française devient internationale ? Sa connaissance approfondie de l'enseignement français à New York permet à Jane Ross de s'appuyer sur cette étude de cas pour retracer l'histoire fascinante et toujours en évolution du rôle de l'éducation comme instrument majeur du soft power de la France. Une lecture obligatoire pour qui s'intéresse au soft power de la France.

—Jean-Marie Guéhenno, Diplomate
Ancien Sous-Secrétaire Général aux Nations Unies

Le gouvernement français maintient plus de 490 écoles francophones dans le monde entier, dont la plus célèbre est le Lycée Français de New York. Jane Ross y a enseigné pendant trente ans. Il en résulte une passionnante histoire de l'enseignement français à New York : une combinaison parfaite entre expérience personnelle et étude universitaire.

—Robert O. Paxton, Professeur d'Histoire émérite,
Columbia University

Le livre si engageant de Jane Ross nous fait redécouvrir une dimension un peu méconnue du rayonnement de la France par l'éducation aux États-Unis. Une lecture incontournable pour qui cherche à comprendre les ambitions culturelles de la France dans le monde d'aujourd'hui.

—Alice L. Conklin, Professeur d'Histoire, Ohio State University

Jane Ross nous propose, dans un style attachant, le fruit d'un habile travail de recherche qui expose clairement les enjeux de 200 ans d'enseignement français dans la ville de New York ; elle nous permet de mieux comprendre l'histoire de la France, les relations franco-américaines et nous fait aussi découvrir les initiatives d'enseignement international (y compris des programmes de plus en plus urgents de langue héritage) qui vont pouvoir créer des citoyens véritablement interculturels.

—Kimberly Potowski, Professeur de linguistique et d'études
hispaniques, University of Illinois à Chicago

En mêlant récit personnel, étude historique et recherche universitaire, Jane Ross attire notre attention sur la manière dont les écoles françaises à l'étranger accomplissent depuis le XIXe siècle un important travail culturel, toujours en évolution, pour la nation française. Son analyse est aussi riche que complexe : en effet, dans des écoles comme le Lycée Français de New York, l'expérience de l'enseignement n'est ni à sens unique ni même uniquement bilingue ; les élèves américains apprennent le français ; à côté d'eux, les élèves français apprennent l'anglais ; enfin, les élèves qui parlent d'autres langues que le français ou l'anglais apprennent les deux langues. Ross nous offre un excellent historique de la mission de l'enseignement français à l'étranger depuis deux cents ans (préserver les diverses articulations culturelles et politiques de l'identité française) et réussit en même temps à démêler la complexité et les diverses strates de l'éducation « globale » telle qu'elle se vit aujourd'hui dans les classes des établissements français à l'étranger. Pour qui a fait ses études entre deux langues, pour qui s'est intéressé à la France, à son héritage, à sa culture, et pour quelqu'un qui croit passionnément au pouvoir transformateur de l'éducation internationale, *Deux siècles d'enseignement français à New York : le rôle des écoles dans la diplomatie culturelle* est un livre incontournable.

— Celeste Schenck, Présidente, The American University of Paris

Avant-propos

De la French identité à la Global Education

Q uelle heureuse idée, Jane Flatau Ross a eu d'évoquer en tête
de sa belle recherche, l'image de son ancêtre français Henri
Chapiers qui, à l'âge de 14 ans, rejoignit la troupe de
Lafayette, ce Français parti avec bravoure au secours des
insurgés américains ; il se disait chirurgien ! Plus obscure, on
distingue derrière lui sa mère, sage-femme, qui savait lire et écrire.
Henri est resté ensuite dans la jeune république. Voilà cette tradition
familiale qui a nourri l'imaginaire de l'auteure et inspiré sa vocation
d'enseignante, comme sa volonté d'explorer deux siècles
d'enseignement du français à New York afin d'en comprendre
l'importance et le sens.

Un fil directeur concret

D'entrée de jeu apparaît le premier intérêt de l'ouvrage, le lien étroit
qui unit la chercheuse à son objet de recherche, lien affirmé ensuite
tout au long de son livre et qui en constitue ainsi le fil directeur :
d'abord jeune étudiante américaine à Grenoble, découvrant
l'enseignement français au lycée Stendhal puis remplaçante au lycée
français de New York, prélude à une longue carrière de 30 ans dans
cet établissement où elle occupera différentes fonctions. En
particulier, en 1998, elle participe directement à la mise en place au
lycée de l'option internationale du Bac (OIB). Elle va quitter le lycée
en 2003, pour s'engager avec passion dans une aventure au départ
peu importante, le French Heritage Language Program. Sa présence
discrète mais efficace et attentive au sein de cette association sera
dans la continuité de son passé familial et contribue à donner à son
récit un caractère vivant et concret, tout en nourrissant son
questionnement de chercheuse.

Cette implication personnelle n'empêche pas Jane de prendre
la distance nécessaire, ne serait-ce que par la variété des sources
utilisées, les archives les plus classiques, comme le recours
systématique aux entretiens avec une variété d'interlocuteurs aussi
bien américains que français, révélant une fois de plus l'intérêt de

« l'oral history ». Jane Flatau Ross a ainsi articulé une analyse de cas à une problématique d'ensemble, parfaitement exprimée dans le sous-titre du livre *le rôle des écoles dans la diplomatie culturelle*. Ses allers-retours permanents entre les études de terrain et la vision institutionnelle sont aussi d'autres points forts de ce travail.

Le paradoxe du système scolaire français

Jane rappelle, d'abord, l'originalité de l'enseignement français à l'étranger par rapport à ses homologues d'autres pays développés : il n'est pas seulement réservé aux expatriés pour permettre à leurs enfants de suivre ensuite le cursus français mais il est un des moyens privilégiés de défendre et développer la culture et la langue française. En fait c'est une arme diplomatique (Soft power) pour cela il est largement ouvert aux autochtones, comme à d'autres étrangers séduits par la culture française. Au total, très rares sont les établissements où les Français sont majoritaires.

Mais pour mettre en valeur cette réalité, l'auteure bouscule les idées reçues et ce n'est pas l'un des moindres intérêts de ce travail. L'image habituellement retenue de l'enseignement français est sa verticalité avec au sommet le rôle majeur du ministère de l'Éducation nationale, et liée à cette verticalité, l'uniformité et la simplicité, à la fois force et faiblesse du système. Or, tout au long de son livre Jane révèle la diversité et la complexité du système scolaire français à l'étranger. Un grand nombre d'établissements, sinon la majorité sont des établissements privés, avec un board indépendant des autorités françaises.

La première structuration de cet enseignement se fait sous l'égide d'une institution, la Mission laïque française, elle aussi indépendante du pouvoir, même si de fait il existe des liens informels. Plus surprenant encore, cette mission est créée dans le contexte colonial à Madagascar où l'autorité militaire est fortement présente, avec pour objectif de développer l'enseignement scolaire républicain face à l'enseignement confessionnel des diverses communautés missionnaires. Cette Mission laïque sait se transformer au Moyen-Orient concurrençant l'enseignement catholique, autre vecteur de l'influence française, puis arrive aux États-Unis et dans l'ensemble du monde avec une faculté d'adaptation au contexte local qui est une de ses priorités.

L'Agence de l'Enseignement Français à l'Etranger (AEFE) directement gérée en France par le ministère des Affaires étrangères comprend trois types d'établissements aux statuts bien différents, en gestion directe, conventionnée ou homologuée. Cette variété contredit l'image de l'uniformité du système.

Le sommet de cette démonstration et le comble du paradoxe, se trouve évidemment sur le territoire central de l'enquête de l'auteur, New York avec sa floraison d'établissements dont aucun n'est géré par l'autorité française. Le plus ancien, l'Economical School apparaît si bien implanté alors qu'il est une des origines du public School new-yorkais ; son créateur est un royaliste alors que Napoléon gouverne la France ! Quant au point principal d'observation de Jane, le Lycée Français de New York où elle a été actrice plus de 30 ans, les tensions avec le représentant officiel de l'État français sont nombreuses, et pourtant cela ne l'empêche pas d'apparaître aux yeux de beaucoup, comme la « citadelle » of French culture in New York City, pour reprendre l'expression de l'auteure ! L'illustration la plus forte de cette tendance est fournie par l'américaine, Marie Stella Lorch, d'origine italienne, fondatrice de l'Institut italien de l'Université de la Columbia et dont les enfants sont Italo-américain. Elle raconte à Jane Ross « Mes filles ont regardé par la fenêtre et ont dit : "Ce matin, la Loire est en mauvais état", mais il se trouve que c'était l'Hudson. Elles ne savaient même pas que nous habitions à New York !»

C'est dire à quel point dans cette ville stratégique de New York, cet établissement indépendant joue un rôle majeur dans l'influence culturelle française. Mais ce n'est pas aussi simple que cela et le travail de Jane va bien au-delà du rôle de l'enseignement français à l'étranger dans la diplomatie française : le sous-titre de l'ouvrage est réducteur ; il n'exprime pas la totalité de la démonstration. La fille de Marie Stella n'est pas devenue française, malgré sa passion pour la Loire et son identification à la France. Pleinement américaine tout autant ouverte au monde, devenue adulte elle occupe une fonction significative à New York. Le mélange des trois groupes d'élèves dans l'établissement conduit de fait à un métissage culturel, si forte que soit l'empreinte scolaire française. Quelques réponses faites à Jane attestent de cette véritable double culture française et américaine ;

certaines vont même plus loin, en parlant d'une véritable Global Education.

Ce qui était implicite au XXe siècle, devient explicite au XXIe siècle : en d'autres termes, l'auteure montre comment la volonté de donner une éducation franco-américaine et au-delà, plus largement une *Global Education,* tout en sauvegardant l'identité française, conduit à la fois à des mutations dans l'organisation du lycée et à l'adoption de l'OIB créé par les autorités françaises.

Des pistes pour le futur

Une dernière remarque : à la fin de sa conclusion, Jane cite le rapport de la Cour des Comptes signalant que l'Enseignement français à l'étranger est à la croisée des chemins : « le gouvernement français doit se montrer capable de l'adapter en profondeur et de faire les choix audacieux qui s'imposent pour « insuffler une nouvelle dynamique » au réseau ». Précisément une partie des réponses ne se trouvent-elles pas dans le chapitre précédent, avec le French Heritage Language Program, déjà en application dans plusieurs quartiers de New York et déjà bien soutenu par l'Ambassade de France. Ces écoles atteignent tout d'abord de nouveaux publics, que les réseaux traditionnels n'ont jamais touchés et ne pourront jamais atteindre. Plus profondément encore se développe dans ces classes une pédagogie qui cherche la meilleure articulation entre le modèle français et le modèle américain, comme le dit fort bien « L'école cherche à fusionner les normes d'apprentissage rigoureuses qui caractérisent le système éducatif français avec des approches américaines qui valorisent l'individualité et la pensée critique. »

Puis-je me permettre d'évoquer, un souvenir personnel : nous avons eu la chance, mon épouse et moi, de visiter une première classe ouverte et nous avons été frappés par l'agilité des élèves, passant d'une langue à l'autre avec un plaisir évident, comme s'il s'agissait d'un jeu. Je me souviens encore de ce parent d'élève, chauffeur de taxi haïtien si fier de voir son fils se débrouillant si bien en anglais, tout en améliorant sa langue d'origine.

Voilà pourquoi il faut souhaiter que ce livre rencontre des lecteurs attentifs des deux côtés de l'Atlantique et même au-delà, car ce type d'école qui participe de la bilingue révolution est un des moyens de lutter efficacement contre l'enfermement, générateur d'intolérance et de violence. Au moment où le ministère français de l'Éducation nationale crée en France l'Établissement public local international, nul doute que cette réflexion, même si le contexte est différent, puisse être un vecteur d'exemplarité. Elle montrera que loin d'affaiblir le sentiment d'appartenance nationale, ce type d'établissement au contraire le renforce, tout en préparant les élèves aux impératives nécessités du dialogue entre les cultures.

—Philippe Joutard
Paris, France – octobre 2019

Remerciements

Ce livre a vu le jour grâce au soutien et aux encouragements de nombreuses personnes qui ont donné de leur temps et partagé avec moi leur savoir et qui m'ont apporté aide et inspiration.

Le Professeur Philip Hosay, mon directeur de thèse, m'a servi de mentor et guidée tout au long de mes études de doctorat à New York University, et m'a aidée à délimiter le champ de recherche le plus utile pour mon travail. J'ai aussi bénéficié du savoir et des conseils du professeur James Fraser et du professeur Herrick Chapman qui m'ont guidée dans mon exploration de l'histoire de l'enseignement en France et aux États-Unis. Quant aux professeurs Dana Burde et René Arcilla, j'ai pu profiter de leurs encouragements et de leurs conseils tout au long de mon travail jusqu'à ma proposition de thèse.

Je voudrais aussi remercier les nombreux autres collègues, amis et membres de ma famille qui ont joué un rôle essentiel dans ma recherche et auxquels je suis énormément reconnaissante : le professeur Philippe Joutard, ainsi que Geneviève Joutard, qui ont suivi mon travail depuis les débuts, m'ouvrant de nouvelles perspectives, m'offrant des contacts ; Joel et Denise Vallat, qui m'ont fait part de leur expérience à New York et en France.

Mes remerciements vont aussi aux nombreux membres de la communauté élargie du Lycée, anciens élèves, membres du Conseil, enseignants et parents qui m'ont éclairée sur l'école en acceptant de répondre à mon enquête ou qui m'ont accordé des entretiens, et surtout à Sean Lynch, Stéphane Haimo, Joelle Reilly, Robert Pine, Mira Schor, au professeur Maristella Lorch, Don Zivkovic, Michele Moss et Jean-Marie Guéhenno.

Je voudrais aussi exprimer mes remerciements chaleureux à Fabrice Jaumont, qui m'a accompagnée tout au long de ce travail et enfin, un grand merci à Jack Klempay pour sa relecture méticuleuse.

Table des Matières

CHAPITRE I

Introduction

J'ai découvert mes liens avec la France lorsque j'avais environ dix ans. Nous fêtions Noel et mon père avait fait un cadeau surprise extraordinaire à ma mère : il s'agissait d'un tableau, un portrait de sa grand-mère paternelle, Mary Chapeze. Il avait réussi à le retrouver dans un héritage au Tennessee et l'avait fait envoyer chez nous au Connecticut. Ce portrait, qui avait occupé une place d'honneur dans la maison où ma mère avait grandi, se trouverait désormais accroché au-dessus de la cheminée durant toute mon enfance. Ce joli tableau était l'œuvre d'un artiste itinérant du Kentucky et avait été peint au milieu du XIXe siècle, lorsque Mary Chapeze avait 17 ou 18 ans. Ma mère ne l'avait rencontrée qu'une fois lorsqu'elle avait 4 ans et sa grand-mère déjà plus de 85 ans. Pourtant, elle représentait un lien avec les générations précédentes ; elle faisait partie d'un récit familial que ma mère avait entendu et qui disait qu'un de nos ancêtres, peut-être un Huguenot, avait débarqué sur les côtes américaines avec La Fayette.

Sans autre document que ce portrait, ma mère avait entrepris des recherches sur cet ancêtre français. Elle avait écrit à des cousins éloignés, consulté des sites de généalogie dans l'internet, puis était allée en France consulter les archives pendant de longues heures : peu à peu, les faits s'accumulaient. C'est ainsi que nous avons appris que, effectivement, l'arrière-grand-père de Mary Chapeze, le docteur Henri Chapiers, originaire de Nevers, s'était enrôlé, à l'âge de 14 ans, à bord d'un navire avec le Marquis de La Fayette. Peut-être était-il protestant ; en tout cas, il savait lire et écrire et, comme sa mère était sage-femme, il avait acquis suffisamment de connaissances médicales pour être engagé malgré son jeune âge comme chirurgien du régiment. Au bout d'un certain temps, il s'était fait appeler Henry Chapeze. C'est dans une notice biographique datée de 1897, consacrée à son fils Benjamin, que l'on trouve tracé, en quelques lignes pleines de ferveur patriotique, un résumé de la vie d'Henry Chapeze :

Son père, le docteur Henry Chapeze, qui était né en France, était venu en Amérique avec le Marquis de La Fayette, poussé par l'esprit et par l'amour de la liberté, pour mettre son glaive et ses talents au service des colonies dans leur combat pour l'indépendance ; il servit comme chirurgien dans l'armée américaine.

Ce portrait de mon ancêtre français ne pouvait que m'enchanter. Il avait ensuite, comme beaucoup d'autres soldats de La Fayette, décidé de rester en Amérique et s'était installé dans le territoire du Kentucky peu de temps avant qu'il ne soit incorporé au nouveau pays et en devienne le quinzième état. Que de questions j'aurais voulu pouvoir lui poser ! Mais, vu le peu de documents sur sa vie, elles resteraient sans réponse. J'aurais voulu lui demander par exemple comment il avait appris l'anglais ; l'avait-il appris avec la jeune fille irlandaise qui était devenue sa femme à New York (ils avaient divorcé par la suite) ? Parlait-il français avec ses deux fils ? À Bardstown dans le Kentucky où il s'était installé, sa maison et son cabinet avaient acquis au fil des années une certaine renommée. Cette maison deviendrait un hôtel, un restaurant ou une auberge. Quant à lui, on l'appelait souvent « l'éminent docteur parisien » (rien n'atteste qu'il ait séjourné à Paris), ce qui montre qu'il avait conservé une identité française même s'il n'était jamais retourné en France. Aurait-il mis ses enfants dans une école française s'il y en avait eu ?

Lorsque, après avoir enseigné dans une école française et travaillé avec des enseignants français pendant plus de trente ans, j'ai formé le projet d'écrire ce livre, il y avait une question que je me posais souvent : que pouvait signifier « être français » lorsque les liens avec la France étaient éloignés dans le temps ou dans l'espace ? Or, en explorant le réseau des écoles françaises à l'étranger, y compris celle où j'avais travaillé avec bonheur toutes ces années, j'ai découvert que ces écoles ne servaient pas qu'à maintenir des liens à l'intérieur des familles d'expatriés, mais aussi que l'État français et les gouvernements successifs avaient au fil des années pris une part active dans le soutien de l'enseignement français afin de promouvoir le maintien d'une « identité » française. De plus, au-delà des intérêts des seules familles françaises, l'État, en soutenant ces écoles, cherche à promouvoir la langue française et la culture française en les ouvrant à une large communauté internationale. Mon ancêtre français n'aurait jamais pu imaginer combien de voies allaient s'ouvrir dans les deux siècles qui suivirent son arrivée dans les vastes étendues du Kentucky à ceux qui désiraient rester français tout en devenant américain. De fait, le gouvernement français n'a cessé de soutenir les écoles françaises à l'étranger aussi bien que l'enseignement du français dans le monde entier.

À l'automne 2017, lors de son premier voyage en Afrique après son investiture au printemps de la même année, le président Emanuel Macron s'est adressé à un groupe d'élèves, à Ouagadougou, la capitale du Burkina Faso. La tournée africaine qui débutait au Burkina et le mènerait ensuite au Ghana et en Côte d'Ivoire, allait permettre au président français de présenter sa vision pour l'avenir de l'Afrique ainsi que d'aborder les grandes questions auxquelles est confronté le continent africain, dont la réduction de l'émigration, le combat contre le terrorisme et la défense des droits de l'homme. Mais Macron avait aussi choisi ce moment pour affirmer sa détermination à faire de la langue française la première langue d'Afrique et peut-être même du monde. (Macron, *Discours à Ouagadougou*). [1] Tout en évoquant les multiples variantes du français parlé dans le monde, il avait insisté sur le caractère universel de la langue française et sa qualité de « ciment » unissant les pays francophones entre eux :

> Il y a bien longtemps que cette langue française, notre langue, n'est plus uniquement française. Elle a parcouru le monde entier et elle est ce qui nous unit. Notre langue française, c'est une chance pour nous et notre langue a un avenir, ça n'est pas simplement un patrimoine à protéger et cet avenir se joue pour beaucoup en Afrique, ici. Son avenir, son rayonnement, son attractivité n'appartient plus à la France. La francophonie c'est un corps vivant, un corps par-delà nos frontières dont le cœur bat quelque part pas loin d'ici. [2]

En écho à sa détermination à ce que la langue française devienne « la langue la plus parlée au monde », Macron avait aussi assisté à la cérémonie inaugurale du lancement d'un fonds de soutien aux programmes bilingues dans les écoles publiques de la ville de New York à la City University en 2017 (un fonds de 1.4 millions de dollars destiné à l'avenir à dépasser les deux millions).

Depuis quelques années, un nombre important d'articles de presse des deux côtés de l'Atlantique témoignent de la popularité croissante du français, des programmes bilingues anglais-français et des programmes d'immersion linguistique. Durant les premiers mois de 2014, par exemple, un nombre surprenant d'articles de presse furent consacrés au français. Le *New York Times* avait fait paraître un article sur « la révolution bilingue » à l'œuvre dans les écoles publiques de la ville, impulsée par la demande croissante de la part des parents de programmes bilingues ou à deux langues. Ce journal soulignait par ailleurs l'importance du soutien que le gouvernement français accordait à ces programmes.[3] L'article suscita une riposte de la part d'un chroniqueur de droite du magazine *The New Republic*, John McWhorter, intitulé « Arrêtons de prétendre que le français est une langue importante ».[4] Cette riposte entraina à son tour une série d'articles de presse en France et aux États-Unis, défendant la popularité de la langue française, des programmes d'enseignement bilingues anglais-français et de la scolarité bilingue en général. *Forbes Magazine* publia un rapport commandité par le groupe bancaire *Natixis* qui prévoyait qu'en 2050 le français serait la langue la plus parlée au monde, avec plus de 750 millions de locuteurs, plus que l'anglais ou le mandarin. *Forbes*, tout en critiquant le rapport de *Natixis*, affirmait que le français était « une langue mondiale en expansion rapide » qui à l'avenir « serait présente sur tous les continents et jouirait d'une forte prédominance dans l'un d'entre eux, un continent qui, en 2050, serait sans doute devenu une puissance économique en forte expansion : l'Afrique ».[5]

La Mondialisation de l'enseignement

Le nombre grandissant des programmes d'éducation en français va de pair avec le développement de l'internationalisation et de la mondialisation de l'enseignement tant au niveau universitaire qu'au niveau de l'école primaire et secondaire. En témoigne le prospectus d'une école privée qui s'est ouverte il y a quelques années à New York, *Avenues*. Les termes qui y sont employés sont exemplaires de cette nouvelle évolution : « Si l'école du passé, c'est l'école du village, celle du présent, l'école nationale, celle de l'avenir sera sans aucun doute l'école mondiale. »[6]

L'accent mis depuis quelques années sur l'enseignement mondialisé et l'expansion à l'étranger ou l'internationalisation d'établissements d'enseignement supérieur tels New York University (à Abu Dhabi et Shanghai) ou Yale University (à Singapour) représentent des modèles nouveaux pour la mondialisation de l'enseignement. Ces modèles sont plus ambitieux que les programmes traditionnels d'études à l'étranger et d'échanges universitaires : il s'agit de créer de véritables établissements mondialisés. Certaines entreprises privées, telles les Écoles Edison (Edison Schools) et les Global Management Systems (GEMS) qui gèrent des écoles aux États-Unis, au Royaume Uni, au Moyen Orient et en Inde constituent autant de modèles pour la création d'autres écoles « mondiales ». De plus, et cela depuis 1968, le programme du Baccalauréat international, un organisme à but non-lucratif basé à Genève, propose un curriculum et décerne un diplôme agréé par plus de 4200 écoles dans le monde. Même Fatullah Gülen, leader très critiqué d'un mouvement religieux, a établi un réseau d'écoles à l'étranger, dont 150 écoles à charte (Charter schools) aux États-Unis.

Cette internationalisation de l'école fait aujourd'hui l'objet de travaux de recherche très importants dans le domaine de l'enseignement. Cependant, peu de chercheurs se sont intéressés à des écoles particulières. L'étude que je propose, sur l'histoire des écoles françaises à l'étranger et plus spécifiquement à New York, montrera que le réseau de plus de 490 écoles françaises dans 130 pays différents constitue un champ de recherche fructueux sur la mondialisation telle qu'elle est pratiquée sur le terrain, dans l'enseignement primaire et secondaire. En concentrant mon travail sur le Lycée Français de New York (1935-) et d'autres écoles françaises à New York je peux explorer la manière dont fonctionne le système français d'éducation non seulement en dehors de l'Hexagone, mais aussi au-delà de l'idéologie de la « mission civilisatrice » strictement coloniale de l'école française dans les colonies et aujourd'hui encore dans les anciennes colonies. L'histoire de ces écoles françaises de New York, qui commence dès le début du XIXe siècle, me permettra aussi de mettre en lumière certains aspects de la diplomatie culturelle de la France et l'évolution des relations franco-américaines au XIXe, XXe et XXIe siècles.

Jane Flatau Ross

Pourquoi étudier les écoles françaises à New York ?

Un grand nombre d'études importantes ont été consacrées au système éducatif français. Parmi les auteurs qui ont le plus fortement contribué au débat autour de la question des liens entre le système éducatif français et la construction de la citoyenneté et de l'identité, il faut citer Eugen Weber (1976), Roger Brubaker (1996) et Patrick Weil (2005). L'ouvrage fondamental de Weber met en lumière l'importance de l'appareil centralisateur de l'école qui a permis, au XIXe et au début du XXe siècle, de faire « du paysan un citoyen ». D'autres chercheurs ont examiné les liens entre citoyenneté et identité forgés dans les écoles françaises de l'empire colonial. Alice Conklin (1997), Emmanuelle Saada (2007) et Frederick Cooper (2014) ont exploré le rôle joué par les écoles françaises dans les colonies d'Afrique et du Sud-Est asiatique ainsi que les diverses manières dont le colonisateur et les colonisés ont pu en tirer profit. Les multiples défis posés par la décolonisation et l'intégration de populations issues des anciennes colonies dans le système éducatif national français font l'objet de travaux récents qui soulèvent de nombreuses questions importantes : les ouvrages de John Bowen (2008), Stéphane Beaud (2002), Gérard Noiriel (1998) et Patrick Weil (2005) qui se sont penchés en particulier sur la controverse du voile, sur les défis d'ordre culturel opposés au principe de la laïcité et sur la difficile intégration de populations d'élèves de plus en plus diverses en France.

Cependant, comme la grande majorité de ces recherches sur l'histoire du système éducatif français se concentrent exclusivement sur les écoles de l'ère coloniale ou post coloniale, elles laissent la voie ouverte à d'autres interrogations. De fait, parmi les plus de 490 écoles françaises à l'étranger, certaines, comme l'école de Berlin, fondée en 1670, dispensent sans interruption depuis plus de 300 ans un enseignement français. Nombre de ces écoles, comme celles de New York, de Moscou, de Londres, Berlin ou Madrid ont au fil du temps été soutenues par un public d'expatriés, de réfugiés, de diplomates d'autres pays que la France et par beaucoup de familles qui, sans être françaises, ont choisi la langue française et le cursus français pour leurs enfants. Certaines d'entre elles ont bénéficié d'un large soutien de Paris, d'autres au contraire s'autofinancent ; toutes ont de fait continué à offrir le cursus de l'éducation nationale même en temps de guerre lorsque les liens avec la France s'étaient affaiblis ou même avaient été remplacés par des rapports d'antagonisme. Ces écoles ont toujours eu une double mission : offrir un enseignement français aux expatriés d'une part, et d'autre part former les enfants des élites internationales ou locales et, ce faisant, promouvoir la langue française et l'amour de la culture française dans le monde. Cette importante mission de diplomatie culturelle est fondée sur l'idée fondamentale en France que le français est une langue véritablement universelle et que les valeurs françaises sont des valeurs universelles. Ces écoles remplissent évidemment une fonction essentielle pour les familles d'expatriés qui tiennent à ce que leurs enfants reçoivent un enseignement français, mais elles transmettent aussi un idéal d'universalisme très apprécié par leurs parents aux enfants des élites des pays étrangers. En tant que terre d'immigration, les États-Unis et New York en particulier sont tout particulièrement réceptifs à l'internationalisme promulgué par les écoles françaises présentes sur leur sol.

Mon travail, centré sur le Lycée Français de New York, permet de mettre en lumière deux aspects supplémentaires de la question. D'abord celui du dialogue interculturel franco-américain : des chercheurs comme Whitney Walton (2009), Raymond Carroll (1990) et Philippe Roger (2005) en ont exploré la complexité soit en se penchant sur les échanges éducatifs entre les deux pays soit en disséquant l'antiaméricanisme français. Les interviews que j'ai conduites avec un large échantillon de plusieurs générations d'anciens élèves, de familles, d'élèves et de membres de l'administration des écoles françaises à New York m'ont permis d'explorer cet « internationalisme culturel » tel qu'il est vécu au quotidien par le public de toutes les nationalités différentes qui vivent et travaillent ensemble dans ces écoles. L'accès à l'enseignement français en dehors de la France joue un rôle important en ce qu'il permet de faire des enfants français vivant à l'étranger de véritables citoyens français, mais développe en même temps une culture internationale parmi un public très varié.

Ensuite, le second aspect, qui fait depuis les dix dernières années l'objet d'une prolifération d'études, est celui qui concerne les langues d'« héritage », c'est-à-dire les langues autres que l'anglais parlées à la maison, ainsi que les programmes d'éducation dans deux langues ou bilingues aux États-Unis. Pour les chercheurs aussi bien que pour les professionnels de l'enseignement qui sont à la recherche de modèles, le Lycée Français de New York, en tant qu'il accueille aussi bien des enfants de familles françaises expatriées que de parents américains et de nombreuses autres nationalités, fournit un exemple utile.

Ainsi, mon travail examine d'une part l'importance exceptionnelle du soutien que la France accorde à l'éducation de ses ressortissants à l'étranger et le rôle que ces écoles jouent en tant qu'auxiliaires de la diplomatie culturelle de l'État. Il permettra de combler un manque dans les travaux actuels consacrés à l'Éducation nationale et à la citoyenneté française et d'explorer le rôle de l'enseignement primaire et secondaire dans la diplomatie et la politique extérieure de la France. Cette étude s'adresse aussi à la communauté grandissante de chercheurs (tels Peyton et al. (2001), Olga Kagan et Maria Carriera (2011), Ofelia Garcia et al. (2017)) qui s'intéressent à la viabilité et à l'institutionnalisation des programmes bilingues et d'apprentissage des langues héritage aux États-Unis. Mon but est de mettre en lumière la particularité d'une école qui sert à la fois la mission universaliste de la France et sa politique culturelle.

En combinant les interviews, les enquêtes et l'examen des archives, je montre comment ces écoles qui servent un public international très divers construisent une identité civique française tout en promouvant la langue française et la culture française à l'étranger. En m'appuyant sur les archives du ministère de l'Éducation nationale et sur des archives et documents des écoles elles-mêmes (newsletters, journaux, albums de fin de scolarité etc.) j'espère contribuer au vaste champ des recherches sur l'enseignement au service de la construction d'une identité citoyenne conforme aux intérêts de la nation, mais aussi mettre en lumière la manière dont ces écoles, en accueillant un public international, forment des citoyens du monde et promeuvent des valeurs universelles. La question à laquelle je désire répondre est double : d'une part, comment un cursus créé spécifiquement pour inculquer une identité nationale française s'adapte avec succès aux conditions particulières du pays étranger où il est enseigné ; deuxièmement, dans quelle mesure ces écoles sont capables de promouvoir à la fois une identité française et une identité de citoyen du monde. Il est particulièrement intéressant de voir à quel point la ville si cosmopolite de New York s'est révélée un terrain fertile à l'implantation de cette école et aussi de beaucoup d'autres.

Tant de questions

En commençant mon travail de recherche, il m'arrivait souvent de repenser à mon ancêtre français le docteur Chapeze et aux questions que j'aurais voulu lui poser. Il n'était jamais retourné en France après avoir rejoint le régiment de La Fayette et s'être installé avec sa famille dans le Kentucky, et pourtant il était de façon évidente resté français. De fait, il y avait de nombreux Français installés dans les territoires américains et beaucoup d'habitants des colonies aimaient la langue française, l'apprenaient dans les écoles et les premières universités. J'ai découvert qu'il y avait même des écoles françaises à New York à cette époque, dans la ville où il s'était marié et où étaient nés ses fils. Bien sûr, je ne pouvais l'interroger sur son identité de Français ; surtout, il n'avait laissé aucun témoignage écrit que j'aurais pu consulter. Pour trouver des témoignages accessibles, je me suis tout naturellement tournée vers ma propre expérience de trente années d'enseignement dans une école française de New York, le Lycée Français de New York. À partir de là, j'ai pu élaborer les types de questions qui me permettraient de comprendre à la fois comment les familles françaises maintenaient leur identité française loin de la France et la manière dont le gouvernement français soutenait ces efforts.

J'ai ainsi défini la question fondamentale qui oriente mon travail : comment les écoles primaires et secondaires à l'étranger, et plus spécifiquement Le Lycée Français de New York remplissent-elles deux missions simultanées, participer à la diplomatie culturelle élargie de la France dans le contexte multiculturel de la ville de New York, et soutenir les familles françaises expatriées souhaitant un jour retourner en France ? La fameuse « mission civilisatrice » de la France servait à justifier ses ambitions coloniales en Afrique et en Asie, défendant l'idée que la France apportait par sa présence les idéaux de la civilisation européenne/occidentale aux autochtones : ces peuples pourraient profiter des progrès de la modernité et bénéficieraient de l'accès aux idéaux républicains et démocratiques en matière de gouvernance et d'éducation.[7] À première vue, cette justification ne s'applique pas dans le cas d'une ville comme New

York qui n'a à aucun moment fait partie de l'empire français. Et pourtant, comme je le montre, la promotion de la culture française et des idéaux républicains à l'étranger est une des fonctions principales de ces écoles qui ne servent pas uniquement des Français vivant à l'étranger pour des raisons variées, mais aussi les élites internationales des milieux de la diplomatie et des affaires. Le gouvernement français considère cet aspect de sa politique étrangère culturelle, son « soft power », comme essentiel au maintien du statut de la France comme puissance mondiale. Les organismes d'état (principalement le ministère des Affaires étrangères) ne sont pas seuls à mener cette mission culturelle ; elle a son propre dynamisme nourri par les citoyens français et tous les étrangers francophiles, qu'ils y participent volontairement ou pas.

CHAPITRE II

La Création du système éducatif public en France et à l'étranger

Lorsque Henry Chapeze a quitté la France vers 1776 pour rejoindre le régiment de La Fayette et voguer vers le continent américain, il faisait peut-être partie de la minorité de Français - moins de 15% de la population - qui parlait le français plutôt qu'une des nombreuses langues régionales, le provençal, l'alsacien, le breton, le dialecte de Normandie et d'autres encore. Sa mère, une sage-femme, savait lire et écrire ; son père, par contre, qui était un fabricant de tonneaux à vin, ne le pouvait pas. Il est impossible de savoir si le jeune Henri avait été élève dans une des écoles qui se créaient peu à peu dans toute la France pendant les années juste avant la Révolution. Ce que l'on sait, c'est qu'il savait lire et écrire comme sa mère et que ce qu'il savait de la médecine lui venait d'elle. Il n'y avait à Nevers aucun endroit qui enseignât la médecine. Quant à moi, avant de pouvoir examiner le rôle des écoles françaises à l'étranger et de montrer l'étendue du soutien et des efforts de promotion que l'État français accorde à ces écoles à l'étranger, je me devais d'abord de comprendre le rôle que le système national d'éducation avait joué dans la centralisation de la France.

L'école a été l'instrument principal de la construction du citoyen en France depuis la Révolution. De plus, la langue française elle-même et la culture classique (art et littérature surtout) ont fait partie de la diplomatie culturelle de la France depuis l'ancien régime, et ce dès le règne de François Ier et l'alliance franco-turque en 1536. Le sultan accordait par cette alliance à la langue française et à sa culture dans son ensemble un statut privilégié dans tout l'empire ottoman. Cet accord resterait en vigueur pendant plus de 200 ans. De même, Louis XIII avait consolidé la place du français au Canada, à Madagascar, Tunis et Alger et plus tard à travers le sud-est grâce à la Société des Missions étrangères de Paris. [8] Le présent chapitre examinera la place importante de la langue française dans la construction identitaire citoyenne en France depuis le XVIIIe siècle, pour ensuite analyser les premiers efforts pour promouvoir la langue et la culture françaises à l'étranger, principalement au XIXe et au début du XXe siècles. La Mission laïque française (MLF) joue un rôle très important dans ce récit car cet organisme associatif a constitué la première tentative systématique de création d'un réseau d'écoles françaises dont le cursus serait aligné sur celui des écoles publiques nationales.

Rousseau et Herder : l'éducation et la citoyenneté

Pour comprendre comment un système éducatif national fonctionne au-delà des frontières de son pays il faut d'abord voir quel rôle il a eu dans la construction de la nation elle-même. En France comme aux États-Unis, le concept de nationalisme politique, plutôt que de nationalisme culturel, a informé la manière dont le système scolaire éduque les futurs citoyens.

Les origines philosophiques de la priorité accordée à l'éducation et la citoyenneté remontent à l'âge des Lumières, à la fin du XVIIIe siècle ; ce fut le moment où, comme le montre Susanne Wiborg, « L'idée est née que l'instruction était un outil qui servirait à créer un sentiment d'identité nationale commune à tous à l'intérieur de frontières délimitées. » [9] Deux philosophes en particulier élaborèrent des théories diverses mais qui ont informé une nouvelle conception du rôle de l'éducation et de l'école dans des sociétés où, jusque-là, l'enseignement « avait pour mission principale de répondre à des besoins d'ordre religieux » et visait plutôt la formation d'un clergé que la création de citoyens. [10] Il s'agit de Rousseau et Herder.

La théorie du Contrat social formulée par Jean-Jacques Rousseau (1712-1778) est à la base de la conception d'un nationalisme politique et d'un système éducatif capable de créer des citoyens et des patriotes, et, un jour peut-être, une société plus juste. Pour Rousseau, un système d'éducation publique, fourni par l'état, est une fonction essentielle du gouvernement :

> La patrie ne peut subsister sans la liberté, ni la liberté sans la vertu, ni la vertu sans les citoyens : vous aurez tout si vous formez des citoyens ; sans cela vous n'aurez que de méchants esclaves, à commencer par les chefs d'état. Or, former des citoyens n'est pas l'affaire d'un jour ; et, pour les avoir hommes, il faut les instruire enfants. [11]

Les arguments que Rousseau avançait au cours des années 1750-1760 en faveur d'une éducation civique avaient deux buts : d'abord, soutenir l'idée que les institutions gouvernementales étaient les « instruments par lesquels on pourrait forger un caractère national et insuffler l'amour de la patrie » [12] ; ensuite, argumenter contre l'éducation religieuse et ses fonctions. La défense des objectifs laïques de l'éducation en tant qu'elle sert à développer les vertus morales, éthiques et politiques du citoyen contre les ambitions de l'Église formerait aussi la base de ce qui allait devenir le système français d'éducation publique nationale.

La réflexion de Rousseau a aussi porté sur la manière dont les enfants devraient être instruits. Ses deux ouvrages sur l'éducation des enfants, *Émile ou de l'éducation* (Émile) et *Sur le Gouvernement de Pologne et sur sa réformation projetée*, décrivent en détail dans plusieurs chapitres les ingrédients nécessaires à une éducation patriotique et il insiste sur la formation d'un sentiment d'identité nationale propre à chaque pays. Voici par exemple ce qu'il recommande pour les écoles polonaises :

> À vingt ans un Polonais ne doit pas être un autre homme ; il doit être un Polonais. Je veux qu'en apprenant à lire, il lise les choses de son pays, qu'à dix ans il en connaisse toutes les productions, à douze toutes les provinces, tous les chemins, toutes les villes, qu'à quinze il en sache toute l'histoire, à seize toutes les lois, qu'il n'y ait pas dans toute la Pologne une belle action ni un homme illustre dont il n'ait la mémoire et le cœur pleins, et dont il ne puisse rendre compte à l'instant. On peut juger par-là que ce ne sont pas les études ordinaires dirigées par des étrangers et des prêtres que je voudrais faire suivre aux enfants. […] Ils ne doivent avoir pour instituteurs que des Polonais… *Sur le Gouvernement de Pologne.* [13]

Cette conception d'un système d'éducation nationale permet de comprendre comment et pourquoi les émigrés français qui se sont installés aux États-Unis ont pu apporter avec eux des livres d'école français et ont, au bout d'un certain temps, fondé des écoles françaises qui continuent de nos jours à garantir un enseignement français à tous les enfants français où qu'ils se trouvent dans le monde. Ceci intéresse surtout les expatriés qui ont l'intention de retourner en France ; c'est un sujet sur lequel je reviendrai plus longuement dans les chapitres à venir.

En Allemagne, Johann Gottfried Herder (1744-1803), de son côté, élabora une théorie de l'éducation qui associait l'instruction et la création d'une nation, mais dans une tout autre perspective. Sa conception d'un nationalisme culturel, alimentée par le Romantisme allemand, pose que ce n'est pas au moyen d'un contrat social ni par l'intervention d'un gouvernement, comme le proposait Rousseau, que peut se forger un sentiment d'identité nationale. Herder pensait au contraire que le sentiment national naitrait de l'expression organique d'une culture. La langue joue donc un rôle primordial dans ces deux conceptions du sentiment d'identité nationale. Selon Rousseau, une langue nationale peut et même doit être acquise par le biais de l'éducation, même pour les citoyens qui n'ont pas la même « langue maternelle ». Pour Herder, cependant, la langue maternelle est l'expression fondamentale de l'identité. Les êtres humains construisent des nations à partir de traditions communes et d'une histoire commune, fondées dans la langue. Selon lui la nation existe en tant que communauté organique de culture et le rôle d'un gouvernement doit se limiter à renforcer (peut-être de façon invisible) les liens qui ont déjà été forgés par l'histoire, la langue et la culture communes à une population. Dans ce sens, l'éducation est « le véhicule qui permet la transmission d'un héritage culturel de génération en génération ».[14]

En fait, les conceptions du rôle de l'école selon Herder et Rousseau ne sont pas mutuellement exclusives et elles ont toutes les deux impulsé la création de systèmes scolaires nationaux en Europe tout au long du XIXe siècle : elles forment la base des systèmes scolaires français et prussien, devenus à leur tour des modèles pour la création des écoles publiques aux États-Unis. Ainsi que le montrent une série de rapports présentés au Secrétariat à l'Éducation de l'état de New York en 1892, les promoteurs du mouvement pour l'École commune (*Common School*) à New York s'efforcèrent de mettre sur pied un cursus national aux États-Unis en s'appuyant sur les recommandations tirées des systèmes prussien et français pour l'amélioration de l'école.[15] Le fait qu'une commission américaine ait parcouru l'Europe pour produire ces rapports témoigne de l'influence énorme que ces systèmes d'éducation nationale ont eu sur le développement de l'enseignement public aux États-Unis.

Les visions différentes des deux philosophes s'enracinent dans des conceptions divergentes du droit à la citoyenneté, compliquées dans le cas de la France par des contraintes démographiques particulières. Ainsi que Roger Brubaker l'a rappelé, « Il est frappant de voir la différence entre les décisions et la politique de la citoyenneté en France et en Allemagne. »[16] La France, suivant les principes du nationalisme politique énoncé par Rousseau, accordait la nationalité sous le régime du *jus soli*, ouvrant ainsi l'accès à la citoyenneté à des populations diverses à l'intérieur de l'Hexagone et au-delà. Le modèle allemand (prussien) du *jus sanguinis*, par opposition, fonde la citoyenneté dans l'héritage culturel ou les « liens du sang ». Depuis lors, grâce à ce que Brubaker appelle « la composante ethnique de la conscience de soi des Français », les idéaux universalistes de la citoyenneté française continuent à jouer un rôle majeur dans l'élaboration de la politique éducative du pays, et ce d'une manière parfois surprenante et apparemment contradictoire. Par exemple, la volonté d'appliquer strictement le principe de la laïcité à l'école publique a suscité des conflits majeurs autour de l'interdiction du voile pour les jeunes filles musulmanes.

La Centralisation par la langue en France : « *La fin des terroirs* » (*Peasants into Frenchmen*)

Le lien étroit entre la langue française et le sentiment d'une identité française résulte d'une politique délibérée menée par la France tout au long de deux siècles de construction de l'État-nation, et par les efforts menés dans les colonies. L'une des premières étapes de la création de l'État-nation fut d'unifier un peuple autour d'une langue commune. Alors qu'en Allemagne Herder l'envisageait comme une évolution naturelle unifiant un peuple qui possédait une langue et une culture commune, en France l'unification autour d'une langue commune a été menée par une politique du gouvernement visant à associer étroitement l'enseignement et les idéaux républicains, et cela en dépit de l'absence d'une langue commune à l'origine.

Le processus d'unification linguistique en France a débuté en parallèle avec sa politique de centralisation administrative, dès le règne de Louis XI (1461-1483) puis avec l'Édit de Villers-Cotterêts (1539) qui établissait la suprématie de la langue française sur le latin et surtout sur les dialectes régionaux, en tant que langue officielle de l'administration du royaume. De plus, en 1539, Robert Estienne publia son *Dictionnaire françois-latin*, le premier dictionnaire imprimé où les entrées figuraient en français, suivies de leur équivalent latin. L'historien Terence Wooldridge montre que ce dictionnaire, « Compilé dans le but d'aider les jeunes étudiants français à apprendre le latin classique avait, par la même occasion, eu pour effet de promouvoir la maîtrise du français. »[17] L'alliance étroite entre la monarchie et l'Église catholique a renforcé l'unification; l'Église catholique, malgré l'apparition de la Réforme protestante et l'Édit de Nantes de 1598, est restée une composante essentielle de l'identité nationale française jusqu'à la Révolution.[18] La Réforme, en mettant l'accent sur l'écrit comme moyen de dissémination des idées protestantes en Europe, a contribué à l'expansion de l'imprimerie et aidé à son tour à promouvoir l'usage du français comme langue nationale.

Le processus d'unification par la langue aboutit en 1635 à la création par le Cardinal de Richelieu de l'Académie française, gardienne officielle de la langue française. Richelieu a par ailleurs œuvré aussi à faire du français une langue au rayonnement international. L'Académie, quant à elle, fixa les règles du français correct, tout autant en matière de rhétorique, de grammaire que d'orthographe. Louis XIV autorisa la publication d'un grand dictionnaire national en 1673 : pour certains, cette date marque un jour sombre pour des millions d'écoliers français devenus depuis des « martyrs de l'orthographe » : « Tous les enfants qui peinent aujourd'hui pour apprendre l'orthographe du français peuvent maudire le lundi 8 mai 1673, jour funeste où les académiciens ont pris la décision d'adopter une orthographe unique, obligatoire pour eux-mêmes et qu'ils s'efforceraient ensuite de faire accepter par le public. »[19]

Malgré ces efforts, le français n'a été parlé, jusqu'aux années précédant la Révolution, que par 15% de la population. La Révolution devint elle-même un moteur d'unification, ainsi que le montre Sue Wright dans son travail sur le rôle de la langue dans la construction de l'État-nation aussi bien que de l'effort d'intégration européenne : « L'unification de la langue a été considérée comme un requis primordial dans un système politique participatif dont la légitimité découlait du peuple et qui ne pouvait se réaliser que si les révolutionnaires créaient une communauté de communication. »[20] Il est cependant remarquable que le premier recensement portant sur la langue parlée effectué après la Révolution ait révélé que seuls trois millions d'habitants sur 25 millions de citoyens français parlaient le français comme « langue maternelle ».[21]

Le linguiste Harold Schiffman, citant le sociologue français Pierre Bourdieu, affirme que, « jusqu'à la Révolution, le processus d'unification linguistique ne se distinguait pas du processus de construction de l'état monarchique », et que l'effort pour disséminer la révolution elle-même donna une nouvelle impulsion au désir de « forger une langue commune ».[22] De fait, « Imposer une seule langue légitime contre les idiomes et les patois fait partie des stratégies d'ordre politique dont le but est d'assurer la perpétuation des gains de la Révolution par la production et la reproduction de l'homme nouveau. »[23] Une autre figure marquante de cette époque, le Marquis de Condorcet, philosophe et homme politique (1743-1794), avait compris le rôle que l'éducation, comme la langue, pouvaient jouer dans l'avènement du sujet républicain. Selon Philippe Joutard, éminent historien, ancien recteur des académies de Besançon et de Toulouse, Condorcet pensait que « L'homme universel, le citoyen français moderne, devait être éduqué par un réseau d'écoles qui dépendait de l'État. » Cette idée influence aujourd'hui encore la politique de l'éducation dans l'Hexagone et au-delà des frontières de la France.[24]

Avec la Révolution, la langue française devint elle-même le porte-drapeau de la nation mais aussi l'incarnation de ses fondements philosophiques. La langue française, incarnation de la démocratie moderne et du règne de la raison, devint un facteur d'unité lors de la Révolution ; c'est pourquoi la citoyenneté et la langue furent associées dans un système d'éducation national permettant d'étendre le français à des populations de régions diverses où l'on parlait jusque-là des langues complètement séparées les unes des autres (l'alsacien, le breton, l'occitan, le provençal, le basque et d'autres encore). Ainsi que l'explique Joutard, « Depuis l'origine, le rôle de l'école en France est de forger l'unité et, en particulier, chercher à réagir pour réduire les différences régionales. L'école française se propose de faire des Bretons, des Corses, des Provençaux des Français. »[25] On peut dire en ce sens que le système scolaire français construit une conception fortement unitaire de ce qu'être français signifie, une conception au cœur de laquelle se trouvent la nation et ses valeurs républicaines et qui efface les différences régionales. L'historien Mitchel Lasser montre lui aussi que le système éducatif français représente « l'institution centrale à la construction, la conservation et la dissémination de cette idéologie dominante des bases unitaires républicaines de la citoyenneté française et de l'état français ». Il ajoute que le système français « constitue le principal vecteur de la transmission et de la reproduction de la culture française comme communauté de sens ».[26] Ceci a d'ailleurs été noté par de nombreux intellectuels français éminents, de Louis Althusser à Pierre Bourdieu.

Cependant, le passage du dialecte au français ne s'est jamais ou rarement effectué sans heurt ni violence. Olivier Boasson, ancien conseiller culturel adjoint auprès de l'ambassade de France aux États-Unis et ancien sous-directeur de l'Agence pour l'enseignement français à l'étranger, rappelle que l'imposition de la langue française dans la France entière a été vécue comme un traumatisme pour les populations qui parlaient des langues régionales : « [L'imposition du français], ça s'est fait dans la douleur et ça s'est fait avec beaucoup de force politique et de brutalité politique aussi. En amenuisant et même détruisant presque beaucoup de langues régionales. »[27] L'émigration intérieure des campagnes vers les centres urbains et surtout Paris a aussi contribué à l'abandon des langues régionales et des dialectes en faveur du français standard. Tout au long du XIXe siècle, le français a pris le pas sur les langues régionales à la fois par suite des migrations intérieures, grâce au réseau de plus en plus étendu des écoles et des instituteurs (eux-mêmes obligés de quitter leur village d'origine pour aller enseigner ailleurs) et grâce au service militaire, où des liens se créaient par le truchement de la langue française commune.[28] Il s'agissait tout simplement « de défendre l'unité du pays à partir de l'unité linguistique »[29] ou, comme dans la célèbre formule de Weber, de faire « du paysan un Français ».

Le Rôle du ministère de l'Éducation nationale

Depuis sa création en 1808, le ministère de l'Éducation nationale est le principal organisme institutionnel chargé de la socialisation des enfants, pour en faire des membres actifs de la société nationale, au-delà du cadre de leur famille, de leur ville ou village. En France, cette fonction essentielle de l'enseignement a été reconnue dès 1816 lorsque furent établies par ordonnance royale des normes de compétence pour les professeurs; ensuite, en 1833, des lois impulsées par François Guizot, ministre de l'Instruction publique, exigèrent de chaque commune qu'elle crée et gère une école publique et mette en place un système d'inspecteurs chargés de contrôler la qualité de l'enseignement.[30] Selon Charles Glenn, spécialiste de l'histoire de l'enseignement, « L'un des moteurs principaux de la création et du développement du système scolaire public à la fin du XVIIIe et tout au long du XIXe siècles dans toute l'Europe a été la volonté de remplacer les dialectes régionaux par une langue nationale unique. »[31] De son côté, Joutard considère Guizot comme un jalon intermédiaire entre Condorcet et Jules Ferry (les lois Jules Ferry ayant mis en place le système scolaire public sous la IIIe République) dans le sens où il fut le premier à exiger qu'un système scolaire au niveau primaire soit établi dans l'ensemble du pays.[32]

En 1847, le nombre d'écoles avait atteint 60 000, avec 3.5 millions d'enfants scolarisés. La qualité de l'enseignement était très variable ; l'éducation des filles restait loin derrière celle des garçons ; parfois, l'instruction se faisait encore, clandestinement, dans la langue régionale. Le changement le plus important, cependant, survint en 1881 et 1882 lorsque les réformes introduites par Jules Ferry promulguèrent la gratuité de l'enseignement et la scolarisation obligatoire dans les écoles privées ou publiques. Ainsi que Weber le montre, l'un des défis principaux auxquels le nouveau système eut à faire face fut que, même à la fin du XIXe siècle, une grande majorité de la population adulte (ainsi que leurs enfants) ne parlait pas le français. Comme Weber l'écrit, on trouva une solution simple : « On s'attaqua au problème en niant officiellement son existence. »[33] La définition même de « langue maternelle » fut modifiée pour la faire correspondre à la nécessité de faire du français la seule langue du pays. Dans un manuel d'instruction militaire de 1875, on lit les définitions suivantes :

> (1) On appelle langue maternelle la langue parlée par nos parents et en particulier par nos mères ; elle est aussi parlée par nos concitoyens et les personnes qui habitent le même pays que nous.

> (2) Notre langue maternelle est le français.[34]

Ainsi, tous, des premières vagues de migrants de l'intérieur aux instituteurs, aux soldats, aux paysans quittant la campagne pour la ville, furent touchés, souvent intimement, par le nouveau système scolaire qui voulait faire d'eux des citoyens français au moyen de l'instruction civique et plus encore par le truchement de la langue, du français, au détriment des langues et des cultures régionales. En effet, les enfants pris en train de parler leur langue d'origine étaient régulièrement punis et la punition était le plus souvent associée à un désir de susciter la honte en moquant les coutumes et les parlers régionaux. Par exemple, un enfant coupable de s'être exprimé en breton se voyait obligé de porter sur lui un sabot (symbole de la paysannerie) jusqu'à ce qu'il trouve à son tour un camarade coupable du même crime à qui passer le sabot humiliant. [35]

Weber affirme que le succès de la dissémination du français a été dû aux effets combinés du service militaire obligatoire, au grand nombre de jardins d'enfants et à la scolarisation obligatoire pour les filles qui, une fois mères, transmettraient la langue à leurs enfants. De plus, le système scolaire public donna naissance à un réseau de fonctionnaires sur l'ensemble du territoire, y compris des enseignants, et à un appareil gouvernemental élargi qui créait de l'emploi tout en renforçant un sentiment d'identité national et de fidélité à la nation. Un fascicule d'éducation civique explique par exemple qu'une bonne scolarité dans le primaire ouvre la voie à un bon emploi stable dans le service public. L'importance des enjeux à posséder un système scolaire public de qualité apparut plus clairement encore après la défaite de 1870 lors de la guerre contre la Prusse. En effet, certains historiens militaires attribuent la défaite de la France au bas niveau de l'instruction dans l'armée française comparé à la Prusse. [36]

Cette même époque, à l'aube de la IIIe République, présida à une expansion très importante de l'appareil administratif dans les colonies, créant ainsi encore d'autres opportunités d'emploi dans le service public. Le célèbre manuel d'histoire de France destiné aux classes du primaire écrit par Ernest Lavisse en 1884 a aussi contribué fortement à inculquer les notions d'identité nationale et de citoyenneté, à tel point que l'historien Pierre Nora place le manuel de Lavisse, avec *Le Tour de France par deux enfants*, un autre grand classique, parmi les « lieux de mémoire » qui jalonnent son étude de l'histoire et de la culture françaises. [37] À la fin du XIXe siècle, Émile

Durkheim pouvait ainsi affirmer, dans son manuel de *Règles de la méthode sociologique*, que l'éducation était le moyen principal par lequel l'individu se socialisait. Durkheim résumait sa pensée dans ces termes : « Les écoles de France sont l'interprète et l'expression de l'esprit français. »[38]

Les écoles françaises dans les colonies

Alors qu'en France les lois Jules Ferry ont servi à faire « du paysan un Français », à l'étranger et surtout dans les colonies, le système scolaire a aussi été utilisé pour étendre la présence du français et de la culture française et même, dans certains cas, étendre la citoyenneté au-delà des frontières de l'Hexagone. Les guerres napoléoniennes, puis, plus tard, la création outre-mer d'une force militaire constituée de plusieurs nationalités se sont révélées à la longue comme le meilleur « melting pot » linguistique et ont été par la même occasion un des moteurs de l'expansion remarquable du système scolaire français dans le monde. Ces écoles avaient pour but de répondre aux besoins des soldats et des officiers (ainsi que de certains sujets de l'empire) ; elles ont eu pour effet que le système français d'éducation et, par là même, un sentiment d'identité française se sont répandus à travers l'empire et même au-delà. [39]

La mise en place des écoles françaises dans les colonies se fondait sur l'hypothèse sous-jacente que l'imposition de la langue française jouerait un rôle majeur dans la transmission de sentiments de loyauté et d'identité, créant au moins quelques Français potentiels parmi les populations autochtones, tout en répondant aux besoins des fonctionnaires des colonies et de leurs familles. Dans certains cas, la scolarisation en français aidait à identifier ceux parmi les élèves autochtones qui semblaient le plus aptes à devenir des « évolués » capables de soutenir l'administration française. Dans d'autres cas, il s'agissait simplement d'enseigner le français comme supplément commode à la pléthore de langues indigènes que les administrateurs eux-mêmes étaient incapables de maîtriser. L'un des avantages majeurs de l'étendue du réseau scolaire français dans les colonies fut que les administrateurs pouvaient se passer dans l'ensemble d'apprendre les langues locales. De fait, les écoles publiques françaises n'offraient en général aucun cours dans les langues du pays ; cet enseignement, lorsqu'il existait, était réservé aux écoles locales, pour la plupart confessionnelles. L'arabe, par exemple, jusqu'en

1947, n'avait même pas le statut de langue officielle de l'Algérie ; dans les années qui suivirent, l'enseignement de l'arabe resta limité à cause du manque persistant de professeurs. [40]

Faire du français la langue d'apprentissage dans les écoles des colonies reflétait les ambitions de la « mission civilisatrice » qui a permis au XIXe et au XXe siècle de justifier rationnellement la colonisation : la France, comme les autres puissances européennes, devait apporter la civilisation aux peuples autochtones d'Afrique, d'Asie et des Amériques. Ainsi que le rappelle l'historien William Fortescue, « Il était communément admis que la civilisation française était supérieure à toutes les autres civilisations contemporaines, que les valeurs de la civilisation française étaient de nature potentiellement universelle et que les Français avaient été investis de la haute mission d'étendre au monde entier leur civilisation. » [41]

L'instruction allait jouer un rôle central dans cette mission, quoique la scolarisation s'accomplirait selon des modalités tout à fait paternalistes fondées sur la race. Jules Ferry (responsable presque à lui tout seul de l'institutionnalisation et de la normalisation du système français d'enseignement public) fut aussi l'un des plus ardents défenseurs du colonialisme en France. Lors de son discours du 28 juillet 1885 à l'Assemblée nationale, Ferry fit la déclaration suivante : « Je répète qu'il y a pour les races supérieures un droit, parce qu'il y a un devoir pour elles. Elles ont le devoir de civiliser les races inférieures. » [42] Comme ces paroles l'attestent, l'emploi du français dans les écoles à l'étranger était utile aux administrateurs des colonies non seulement dans la mesure où, comme le note Alice Conklin, « Les dialectes africains étaient tout simplement trop nombreux pour être assimilés », mais aussi parce que les valeurs attribuées à la langue française seraient le moyen essentiel pour aider le sujet colonisé à « faire le bond en avant de la barbarie à la civilisation. » [43]

Quoique les missionnaires européens aient été le plus souvent les premiers à implanter des écoles dans les colonies aussi bien françaises qu'anglaises, le gouvernement français, en promulguant une série de lois entre 1902 et 1924, mit ces écoles sous la tutelle directe de Paris ; ces lois, ainsi que la politique de laïcisation rigoureuse de l'enseignement en France et à l'étranger eurent pour effet de diminuer l'aide aux écoles des missions et elles finirent par ne représenter qu'un petit pourcentage des écoles françaises à l'étranger. Selon Ben W. White, anthropologue et sociologue, le gouvernement britannique fit le choix du « laisser faire par rapport aux missions, ce qui le déchargea de la responsabilité de la politique éducative ainsi que de l'administration des écoles, que les Français avaient au contraire assumée, dès l'aube du XXe siècle ».[44] Même après que l'administration coloniale britannique eut pris une part plus active dans la politique éducative de ses colonies, les écoles des missions restèrent plus nombreuses et l'emploi des langues locales y fut encouragé, surtout au niveau primaire.

La Mission laïque française

Quoique la Mission laïque française (MLF) soit un produit de la société civile et qu'elle se considère en principe comme indépendante du gouvernement français, elle représente une des premières instances où la volonté de promouvoir et d'organiser un enseignement français à l'étranger a mené à la création d'un organisme laïque officiellement associé au gouvernement et entièrement consacré à la scolarisation française à l'étranger. L'un de ses buts principaux a été de prendre la place et de contrer l'influence des écoles confessionnelles catholiques et des écoles associées à l'Alliance israélite universelle, un organisme créé en 1860 pour soutenir les écoles françaises qui éduquaient principalement les familles juives au Moyen Orient en en Afrique du Nord.

La MLF est née dans les colonies et plus exactement à Madagascar. En 1898, le gouverneur de Madagascar, le Général Joseph Galliéni fut à l'origine de l'initiative pour porter l'enseignement français dans la colonie. Galliéni voyait dans l'école un des principaux mécanismes de contrôle dans les colonies : il avait déclaré dans ses écrits que « Routes et écoles [...] sont les points sur lesquels doivent tendre nos efforts ».[45] Galliéni s'intéressait surtout à l'enseignement primaire dont il pensait qu'il accomplirait deux choses : d'abord, importer les valeurs françaises humanistes qu'il considérait comme universelles ; ensuite, il y avait un intérêt politique à enseigner la culture française « en habituant les indigènes à nos usages, à notre langue et à notre costume ».[46] De plus, Galliéni pensait qu'il était essentiel que l'enseignement dans ces écoles de la colonie soit en français et se conforme aux normes du cursus national plutôt que dans les écoles confessionnelles qui avaient jusque-là contrôlé l'éducation de la population locale et avaient permis que l'on enseigne dans la langue malgache. « Madagascar, avait-il déclaré, est devenue aujourd'hui une terre française. La langue française doit donc devenir la base de l'enseignement dans les écoles de l'île. » [47] Ainsi que le montre Olivier Boasson, Galliéni n'était pas le seul à partager cette conviction :

> Il y avait au XIXe comme au début du XXe siècle l'idée, très profondément ancrée et très sincèrement promue par ses défenseurs, que la France avait une vocation un peu messianique qui devait s'accomplir par l'école : il fallait instruire les personnes des territoires où on est installé et leur donner accès à cette forme des Lumières. C'était une idée très forte et très répandue aux XIXe et au XXe siècle, notamment parmi les hauts cadres des implantations françaises à l'étranger, qu'elles soient coloniales ou bien commerciales. [48]

Cette vocation de la France, ce que l'on a par la suite appelé « mission civilisatrice » (nous y avons fait allusion plus haut) allait jouer un rôle important dans les premières années de la création d'un réseau d'écoles françaises à l'étranger.

En juin 1898, le Gouverneur Galliéni chargea Pierre Deschamps, un jeune professeur de littérature, ancien élève de l'ENS de Saint-Cloud, de diriger l'implantation d'un nouveau système éducatif à Madagascar. À l'époque, la population indigène était scolarisée pour une grande part dans les écoles confessionnelles (catholiques) qui dispensaient une éducation religieuse et en général en malgache. Deschamps était chargé de remplacer ce réseau d'écoles confessionnelles par un système laïque qui suivrait le modèle français. C'est dans ce cadre que Deschamps conçut une grande partie des principes pédagogiques et politiques qui mèneraient plus tard à la création de la MLF.

Pendant les années qui suivirent son retour en France, Deschamps prit contact avec plusieurs hommes politiques influents pour leur présenter son projet d'établissement d'un réseau d'écoles laïques dans les colonies ; l'un d'eux, Pierre Forcin, fonda l'Alliance française et en devint le secrétaire général. [49] Quant à la MLF, elle fut créée le 8 juin 1902 lors d'une assemblée générale qui en approuva la première charte. En 1907, le gouvernement français accorda à la

MLF le statut d'organisme caritatif, ce qui lui permit d'étendre son activité à toutes les colonies françaises.

La création de la MLF et le fait qu'elle ait pu se maintenir n'auraient pas été possibles sans le soutien de membres influents du gouvernement. Quoique la MLF ait été un organisme non gouvernemental, plusieurs membres de son conseil d'administration occupaient des postes importants au ministère de l'Intérieur, au ministère de l'Éducation, à la Chambre des Députés et dans d'autres branches du gouvernement français. La MLF a conservé des liens étroits avec le gouvernement français tout au long de son existence. En 1906 par exemple, son Conseil d'administration comptait parmi ses membres Gaston Doumergue, vice-président de la Chambre des Députés et ministre des Colonies, de l'Industrie, du Travail, de l'Instruction publique et des Affaires religieuses, ainsi que B. Baudrillard, inspecteur national des écoles primaires. D'autres membres éminents du premier conseil d'administration furent Camille Bloch (inspecteur général des bibliothèques et des archives), Fernand Dubief (député et ex-ministre de l'Intérieur, du Commerce, de l'Industrie, des Postes et du Télégraphe), M. Blanchier (sénateur de Charente) et J.-B. Bienvenu-Martin (sénateur et ministre de la Justice, de l'Instruction publique, du Travail et des Affaires religieuses). [50] La MLF bénéficia aussi d'un soutien financier et politique important de la part du ministère de l'Éducation nationale. En 1905, par exemple, la MLF reçut 60 000 Francs de l'État pour soutenir son activité éducative outre-mer. La même année, à la suite de la séparation officielle de l'Église et de l'État, le gouvernement français signa un accord avec la MLF par lequel il s'engageait à lui verser 18 000 Francs par an sur une période de 20 ans. L'historien Randi Deguilhem conclut que « d'un point de vue idéologique aussi bien que financier, on peut considérer la MLF, surtout pendant la période coloniale, comme l'équivalent d'une succursale du ministère français de l'Éducation ».[51] La MLF était aussi étroitement liée au système scolaire public et beaucoup de ses membres étaient des enseignants ou des administrateurs des écoles publiques.[52]

L'objectif principal de la MLF était de créer un réseau d'écoles laïques sur le modèle français pour servir les élèves autochtones qui vivaient dans les colonies mais aussi dans d'autres régions du monde où la France exerçait une influence politique ou culturelle ou bien encore avait une présence économique. On peut donc résumer les objectifs de la MLF dans les termes suivants : propager un enseignement laïque à l'étranger, rester fidèle au modèle public français tout en tenant compte des contextes culturels divers des pays hôtes. C'est ainsi que la MLF concentra ses efforts principalement sur le Moyen Orient et s'étendit au-delà des frontières de l'empire colonial ; entre 1905 et 1910, elle fut à l'origine de la création de lycées à Thessalonique (Grèce) et à Beyrouth (Liban) aussi bien qu'au Caire et à Alexandrie (Égypte). Elle poursuivit ses efforts dans la région après la Première Guerre mondiale et ce surtout en Syrie et en Égypte, puis après la Deuxième Guerre mondiale, en Lybie et au Soudan.

La MLF avait deux objectifs d'ordre général. D'abord, il s'agissait de fournir une alternative au réseau d'écoles primaires et secondaires que l'Église catholique et la Mission israélite avaient établies dans les colonies françaises. Ces écoles, gérées par des missionnaires catholiques ou des associations juives avaient pour but d'inculquer un enseignement religieux aux populations locales à un moment où, en France, dans le système public, un enseignement strictement laïque était devenu obligatoire. Deschamps était fermement convaincu que chaque enfant des colonies, quelle que soit sa race ou son pays d'origine, devait pouvoir accéder à un enseignement laïque. Les membres de la MLF, animés par sa ferveur, voulaient que les populations locales aient accès à un enseignement qui donnerait à chacun une autonomie personnelle au lieu d'imposer une idéologie ou un modèle unique d'assimilation. De ce point de vue, la MLF était le reflet des discussions passionnées autour de la laïcité et de l'enseignement qui dominèrent le débat public pendant toute la fin du XIXe siècle et le début du XXe et qui aboutirent, dans leur forme légale, aux lois Jules Ferry de 1881 et 1882, puis à la séparation de l'Église et de l'État en 1905.[53] Ces questions continuent d'être agitées aujourd'hui, comme en témoigne la controverse du voile dans les écoles.

Le deuxième objectif était de promouvoir l'usage du français dans l'ensemble des colonies, en particulier en tant que mission de diplomatie culturelle, ces écoles servant de véhicule pour le rayonnement de la culture et de la civilisation à travers le monde. Pour accomplir ces objectifs, un programme d'enseignement français fut mis en place dans les écoles de la MLF et les cours s'y donnaient principalement en français. La promotion de la langue française par la MLF était considérée explicitement comme un outil pour renforcer le poids politique de la France à l'étranger et particulièrement dans ses colonies, comme ce fut le cas à Madagascar avec Galliéni. Dans ce sens, la MLF partage la même ambition que l'Alliance française, créée en 1883 et chargée d'offrir des activités culturelles ainsi que d'enseigner le français (avec des classes pour les adultes et des programmes culturels). La mission de la MLF de son côté étant de créer et de soutenir des écoles primaires et secondaires dans le but précis d'exporter les valeurs républicaines de la France :

> [La mission laïque s'inscrivait dans] la tradition radicale humaniste qui défendait à l'époque les valeurs de la République face aux congrégations religieuses qui n'admettaient pas spontanément ces valeurs républicaines. Voilà l'esprit au départ : projeter hors de l'hexagone les valeurs de la République, avec comme objectif de prendre en compte les spécificités du pays d'accueil.[54]

Comme cette déclaration le montre bien, la mission de la MLF a dès le départ été formulée comme faisant partie d'une diplomatie culturelle et plus spécifiquement comme une volonté de projeter les valeurs de la République dans le monde tout en respectant les conditions sur le terrain. La MLF partageait ainsi la mission de l'Alliance française et particulièrement « le désir de renforcer le poids politique et culturel de la France à l'étranger en développant l'usage du français au sein de groupes non francophones ».[55] Ce sentiment d'une vocation perdure de nos jours et a eu un impact durable sur les écoles françaises à l'étranger. Dans les aspects les plus importants de son travail, La MLF reproduit l'idée que l'éducation est centrale à la construction de l'identité française, et que l'école est un moyen efficace pour promouvoir l'influence culturelle, le statut et le prestige de la France dans le monde.

La création, à l'aube du XXe siècle, de la MLF doit donc être vue comme un effort pour faire rayonner les idéaux républicains de la France à travers le monde, surtout autour de la Méditerranée et beaucoup au Moyen Orient, qui sont les régions où la France avait une forte présence coloniale ; cette volonté est toujours vivante. Cependant, c'est avec les outils spécifiques de sa mission éducative

que la MLF mit en œuvre cette vision. André Thévenin, historien de
la MLF, montre que cet organisme a accompli ses objectifs en
exerçant un contrôle étroit sur ses enseignants, ses écoles et ses
programmes. [56]

L'histoire de l'implantation des écoles de la MLF constitue
un modèle utile pour le développement des écoles françaises en
Amérique du Nord, aussi bien pour celles qui ne se trouvent pas
directement sous la direction de la MLF. Ses écoles ont par exemple
ouvert la voie en montrant que les établissements français pouvaient
à la fois s'adapter étroitement aux conditions locales et maintenir
l'accent sur leur mission fondamentale de promotion de la langue
française, de la culture et des valeurs de la France. L'étude des écoles
de la MLF en Syrie de 1920 à 1967 qu'a menée Randi Deguilhem,
illustre par exemple à quel point la vocation éducative de la MLF y
était liée à la politique culturelle de l'état français. Durant ces années,
la MLF créa trois écoles en Syrie : en 1925, elle ouvrit une école à
Damas et une autre à Alep puis une troisième en 1935 à Tartus. [57] La
mission explicite de ces écoles était, ainsi que l'écrit Deguilhem, « de
faire de [l'élève] syrien un Français ». Pour atteindre cet objectif, il
fallait, surtout, imposer un cursus standardisé basé sur le modèle
français :

> Un tel programme normalisé étendu à l'ensemble du réseau
> de la MLF a eu pour résultat de donner aux élèves des écoles
> à l'étranger une culture de base commune. Ayant été exposés
> à la culture et à l'histoire de la France, ces élèves pouvaient
> non seulement passer l'examen du baccalauréat français à la
> fin de leurs études secondaires, mais auraient sans doute
> aussi cultivé un sentiment d'affinité ou même de loyauté vis-
> à-vis de la France. [58]

Le devenir des écoles de la MLF en Syrie dépendait donc étroitement
de la politique coloniale et de la politique étrangère de la France.
Selon Deguilhem, la MLF, tout au long de son histoire, a compris sa
mission comme une mission de colonisation des esprits :

> Officiellement, la Mission était opposée aux méthodes
> violentes de l'impérialisme mais sa pratique consistait à
> gagner les cœurs en cultivant chez ses élèves la conscience
> d'une prérogative intellectuelle leur donnant le droit

d'appartenir à la culture et la civilisation françaises. Malgré son approche pacifiste, la MLF était en fait un rouage essentiel du colonialisme français. [59]

La MLF fut à l'origine de plusieurs innovations importantes en matière de pédagogie, souvent en réponse à la nécessité de s'adapter aux conditions locales. C'est ce que rappelle Thévenin : « De nouvelles formules scolaires soulignent la volonté de la Mission de mieux s'adapter aux conditions locales, aux attentes et aux besoins des populations. »[60] Ceci se traduisit par exemple par le fait que ses écoles acceptaient d'enseigner dans deux langues, le français et la langue locale (le plus souvent l'arabe) ainsi que par la décision d'intégrer les écoles de la MLF dans le système éducatif du pays et cela selon des modalités diverses selon les régions. Les élèves de l'école de Beyrouth par exemple passaient le baccalauréat français alors que ceux de Damas passaient le baccalauréat syrien et suivaient un cursus conçu pour préparer les étudiants à l'entrée à l'université de Damas ; à Alep, par contre, l'école offrait un parcours de lycée technique ou professionnel pour donner à ses élèves le meilleur accès possible au marché du travail de la région.

Plus le réseau de ses écoles s'étendait, plus la MLF eut besoin d'un corps enseignant qualifié. C'est ainsi qu'en novembre 1902 fut créé l'Institut Jules Ferry qui avait pour tâche de former les futurs enseignants de la MLF. Dans le droit fil du caractère associatif de la Mission, les enseignants étaient formés à la langue de la région où ils iraient enseigner. Randi Deguilhem explique que :

> Les futurs enseignants seraient formés très spécifiquement aux langues des régions où ils seraient envoyés afin de lever les obstacles possibles à la communication avec les élèves, les parents et l'administration locale … L'Institut Jules Ferry dotait de plus les professeurs d'un savoir pratique sur les difficultés sur le terrain dans le pays où ils allaient travailler, comme par exemple la dureté des conditions agricoles, la sècheresse, les insectes, etc.[61]

La MLF fut à l'origine de plusieurs autres innovations pédagogiques. Le lycée de Téhéran, qui ouvrit ses portes en 1928, présente un excellent exemple de la capacité de la Mission à s'adapter aux conditions locales. Tous les cours étaient enseignés en français sauf ceux qui concernaient la culture iranienne. En pratique, cela signifiait qu'il y avait des cours sur la langue et la littérature persanes ainsi que des cours d'histoire et de géographie de la Perse, qui étaient enseignés en persan par des professeurs iraniens.[62] Selon Besnard, ceci avait été décidé pour permettre la libre expression de la fierté nationale et pour éviter d'offenser les traditions de la culture locale ainsi que pour calmer les tensions grandissantes à l'époque entre la France et l'Iran. Ce dont Besnard rêvait, écrivait-il alors, était, « une interpénétration et une fusion des cultures ».[63]

La décision d'adapter le cursus et la langue aux conditions locales n'a pas été accueillie partout favorablement, surtout vu le caractère centralisé du système éducatif en France et vu l'idéal universaliste culturel et linguistique qui le sous-tend. En 1930, une controverse éclata au sujet du cursus enseigné à l'école de la MLF à Beyrouth. André Thérive, journaliste à *L'Opinion*, un quotidien français, publia un article dénonçant le projet d'adapter le cursus au contexte libanais. Les termes qu'il employa illustrent de manière intéressante non seulement la volonté de centraliser et d'homogénéiser le cursus dans toutes les écoles de la MLF, mais aussi l'idée d'une lutte d'influence sur la scène mondiale entre les langues française et anglaise :

> Je trahis ma fonction de professeur en critiquant le seul enseignement qui puisse faire de nos élèves autre chose que des espèces de sauvages. Et je trahis mon rôle de Français car si nous n'unifions pas l'enseignement sur tous les points du globe où nous avons une influence même spirituelle, si nous ne formons pas des Français de seconde et de première zone, le monde entier sera anglais. [64]

La contradiction entre un réseau d'écoles internationales en expansion, d'un côté, et les tendances centralisatrices et la volonté d'homogénéisation des cursus qui caractérisent le système éducatif français de l'autre, reste un thème récurrent dans l'histoire de l'enseignement français à l'étranger. Souvent, les écoles elles-mêmes ont tenté de résister à cette volonté centralisatrice, forçant les administrations à s'adapter aux conditions locales. Cependant, l'aspect le plus frappant dans la diatribe de Thérive est que le problème y est présenté en termes d'une rivalité entre l'anglais « global » et le français. Cette question reste à l'ordre du jour en

France et le ministère des Affaires étrangères ainsi que celui de l'Éducation nationale continuent de s'inquiéter de la concurrence toujours plus forte de l'« anglais global » international, le « globish ». Ceci met en relief d'autant plus fortement l'importance des enjeux géopolitiques et diplomatiques à l'œuvre dans le maintien d'un réseau d'écoles françaises dans le monde.

L'héritage des écoles coloniales

À l'ère postcoloniale, le rôle des écoles françaises dans certaines anciennes colonies est très contesté, surtout en Algérie, pays qui continue de mener une politique d'arabisation, remplaçant par la même occasion le français par l'anglais comme seconde langue. D'un autre point de vue, l'héritage de la langue française dans les anciennes colonies a créé des compétences linguistiques très variées parmi les immigrants de ces pays. Ces populations constituent aujourd'hui une part très importante de la population immigrante en France, scolarisée, enfants et parents, dans les écoles de l'hexagone ; ce n'est que très récemment que des efforts timides sont faits à l'école pour prendre en compte leurs compétences linguistiques.[65]

Cependant, malgré ces cas où le français est contesté, des liens d'ordre linguistique et culturel très forts continuent d'exister entre la France et ses anciennes colonies ; ces liens sont, dans une large mesure, entretenus par la présence d'écoles françaises sur leurs territoires. Jean-Marie Guéhenno, ancien conseiller culturel de l'Ambassade de France aux États-Unis remarque combien :

> Il est remarquable de voir comment, des dizaines d'années après la décolonisation, toutes les élites des anciennes colonies sont encore influencées par la France et désirent toujours venir en France. [Les écoles] n'ont pas empêché la décolonisation car c'était un mouvement historique plus fort que tout, mais je pense qu'elles ont bien créé un attachement qui, d'une certaine façon, perdure.[66]

Ce n'est pas uniquement à l'intérieur des frontières de son ancien empire que la langue française et le système d'éducation français se sont développés. Du Moyen Orient à l'Amérique du Sud à la Russie, le français s'est vu accorder une haute valeur en tant que langue internationale de la diplomatie et des affaires et aussi comme langue du savoir dans le domaine universitaire surtout en ce qui concerne la philosophie. Ainsi, depuis sa création, le système éducatif public en France a souvent joui d'un rôle international (on parlerait de nos jours de la « mondialisation » de l'enseignement français). Si certains ont pu soutenir qu'une forme d'impérialisme linguistique et culturel est inhérente à l'expansion du système éducatif français et de l'enseignement de la langue française à l'étranger, d'autres ont préféré mettre en avant l'influence de l'« universalisme » des traditions positivistes françaises pour expliquer le soutien dont ont bénéficié la langue et la culture françaises à l'étranger.

En notre époque de mondialisation, d'autres langues et d'autres systèmes éducatifs ont eux aussi pris une envergure internationale, ainsi qu'en témoignent l'importance croissante de l'anglais global (le « globish ») et les efforts récents de la Chine pour développer les écoles chinoises dans le monde.[67] Pourtant, la France reste un cas unique du fait de l'envergure de son réseau centralisé et du soutien apporté par son gouvernement à ses écoles à l'étranger (dont certaines ont une longue histoire derrière elles) qui servent à la fois les Français expatriés qui rentreront en France et les populations locales et internationales.

L'héritage des écoles coloniales est clairement présent dans le discours à Ouagadougou où le Président Macron se félicitait que le français ait continué de vivre et de s'étendre en Afrique de l'Ouest. Mais alors, quel est le but des écoles françaises qui échappent au cadre colonial ? Les écoles françaises à New York (comme celles d'autres villes aux États-Unis, comme celles de Madrid, de Londres, Moscou et Berlin) ne participent à l'évidence d'aucune ambition de type colonial et pourtant elles servent très explicitement les buts énoncés par le gouvernement de promouvoir la langue et la culture françaises, même lorsque ces écoles sont des entités privées dirigées localement, comme c'est le cas pour Le LFNY et comme cela l'était pour son ancêtre, l'École économique.

Une de leurs missions les plus évidentes est de cultiver les bases d'une éducation française, surtout la langue, l'histoire et la géographie, de permettre ainsi aux expatriés de rester des Français même lorsqu'ils ne rentrent pas en France. De ce point de vue, le LFNY et les autres écoles françaises se distinguent radicalement des autres écoles privées de New York. De plus, et par contraste avec les écoles américaines à l'étranger, en France et ailleurs dans le monde, ces écoles tiennent leur légitimité de leur lien avec le ministère de l'Éducation nationale qui en assure l'homologation.

Une différence supplémentaire est que, même si ces écoles ne remplissent pas de mission de type colonial, elles en remplissent une de type diplomatique, que l'État français considère comme un élément de sa diplomatie culturelle, de son « soft power ». C'est ce que nous nous proposons de montrer dans le chapitre suivant en analysant plus en détail la diplomatie culturelle de la France et le rôle des écoles françaises à l'étranger.

CHAPITRE III

La diplomatie culturelle de la France et le rôle de ses écoles à l'étranger

Mon premier contact avec le système éducatif français eut lieu en 1971 lorsque, dans le cadre de mes études universitaires à Swarthmore College, j'ai passé une année à l'étranger à l'université de Grenoble. Un autre étudiant et moi-même étions les premiers à participer à ce programme parrainé par l'université de l'état de New York à Buffalo. Or, comme un certain nombre d'étudiants de Buffalo participaient au programme pour devenir professeurs certifiés, Buffalo avait établi un partenariat avec un lycée de Grenoble, le lycée Stendhal : les stagiaires allaient y passer une année sous la direction d'un professeur français certifié. Ainsi, alors que je n'avais pas envisagé de m'inscrire dans un programme de formation pédagogique, cela me parut la meilleure façon de m'intégrer dans le contexte local et d'apprendre à mieux connaitre la France.

Ce choix se révéla utile lorsque, ayant terminé mes études à Swarthmore, je me suis installée à New York. Comme ma seule expérience de l'enseignement était cette année passée avec mon maitre de stage en France, lorsque j'ai voulu trouver un travail, je me suis tout naturellement tournée vers le Lycée Français. Il suffit d'un coup de téléphone : justement, le Lycée cherchait un remplaçant pour enseigner l'anglais, le professeur chargé de cette classe devant s'absenter pendant plusieurs mois pour raisons de santé.

Cette enseignante, madame Hess, travaillait au Lycée depuis 1947 et y était très aimée : elle devint à son tour mon guide, mon mentor. Je lui rendais régulièrement visite à l'hôpital où elle était en convalescence pour qu'elle m'aide à élaborer mes plans de cours et pour lui donner des nouvelles de ses élèves. Elle m'a fait partager son dévouement pour le Lycée et sa mission, et ses remarques, que je n'ai jamais oubliées, ont été une inspiration tout au long de ma carrière au Lycée et continuent d'inspirer aujourd'hui mon travail avec le French Heritage Language Program ainsi que le travail que j'ai entrepris à NYU et qui donne lieu au présent livre. Elle disait que ses amis lui demandaient souvent pourquoi elle n'enseignait pas dans une école où elle serait « vraiment utile » plutôt que dans une école privée réservée à une élite. Sa réponse était simple : les enfants du Lycée n'étaient pas tous issus des classes supérieures même si beaucoup d'entre eux venaient de milieux privilégiés ; l'école accueillait des familles d'origines très diverses et constituait de fait un refuge pour elles, ainsi que pour les enseignants et les administrateurs, qui trouvaient dans le fait de faire partie d'un réseau d'écoles françaises dans le monde, un foyer, une carrière et un sentiment de bien-être. Mme Hess ajoutait que ces élèves, qu'ils soient originaires de New York, de France ou de pays plus lointains, Afrique, Haïti, Australie, Amérique du Sud ou au-delà, continuaient, après leurs études, à parcourir le monde, puis se retrouvaient plus tard dans des postes de pouvoir, si bien qu'enseigner au Lycée signifiait pour elle (et pour moi) contribuer, dans la mesure de ses moyens, à la création d'une communauté internationale.

D'autres écoles cherchent à promouvoir un sentiment de communauté internationale en enseignant les langues étrangères et en créant un cursus commun, mais le réseau des écoles françaises à l'étranger a un caractère tout à fait unique. Elles sont non seulement subventionnées, (directement ou indirectement) par l'État français, mais elles remplissent aussi deux missions distinctes que la plupart des autres écoles américaines ou internationales ignorent. La première est de préparer les élèves à rentrer en France ; la deuxième, qui constitue l'objet du présent chapitre, est de contribuer à la mission élargie de la diplomatie culturelle de la France.

Les écoles françaises à l'étranger et la diplomatie culturelle

Contrairement aux autres écoles internationales privées, y compris celles qui offrent un cursus menant au Baccalauréat International, les écoles françaises à l'étranger sont gérées directement ou, dans le cas des écoles privées, indirectement par le gouvernement français qui autorise le réseau de plus de 490 écoles à recruter des enseignants certifiés par l'État et leur donne accès au cursus officiel de l'éducation nationale tel qu'il est défini par le ministère de l'Éducation nationale. Il y a d'autres réseaux privés d'écoles internationales, en particulier ceux qui ont adopté le Baccalauréat International, et des réseaux d'écoles confessionnelles, mais leurs établissements ne jouent aucun rôle dans la politique d'un pays ni dans sa diplomatie culturelle.

Souvent, ils offrent (à un public payant) des directives d'enseignement ou même, dans le cas du Baccalauréat international, un cursus complet couronné par un diplôme, adaptés aux langues et aux programmes nationaux.

Les écoles françaises se distinguent tout particulièrement du point de vue de l'ampleur du soutien accordé par le gouvernement et par l'intérêt porté à l'enseignement secondaire, mais aussi par leur rôle dans la diplomatie culturelle nationale. Le gouvernement français accorde un soutien financier direct aux écoles elles-mêmes et les soutient aussi indirectement en accordant des bourses proportionnées à leurs besoins aux familles françaises à l'étranger avec des enfants à scolariser. Mais en dehors de ce soutien, il est important de souligner le fait que ces écoles servent les objectifs de la politique extérieure de la France en promouvant la langue française ainsi que la culture et l'idéologie françaises. Elles sont un élément précieux de la diplomatie culturelle de la France, de son « soft power ». Depuis 1990, le réseau des écoles françaises à l'étranger est dirigé par l'Agence pour l'enseignement du français à l'étranger (AEFE) placée sous la tutelle du ministère des Affaires étrangères ; ses directeurs comprennent aussi des représentants du ministère de l'Éducation nationale et comptent plusieurs membres de la Chambre des Députés. Avant 1990, les organismes prédécesseurs de l'Agence au ministère des Affaires étrangères fonctionnaient à l'intérieur de la même structure de gouvernance. La France n'est pas le seul pays à promouvoir sa culture et sa langue dans le cadre de sa politique étrangère : le British Council soutient l'enseignement de l'anglais dans une centaine de pays depuis sa création en 1934 ; le Goethe Institut poursuit les mêmes ambitions depuis 1951 et, plus récemment, le Confucius Institute, créé en 2004, a mis en place de nombreux partenariats pour promouvoir l'apprentissage du chinois. Le gouvernement des États-Unis a aussi apporté son soutien à certaines écoles américaines à l'étranger ainsi qu'à des programmes de bourses d'études en langue anglaise et d'échanges culturels comme les bourses Fulbright. Des universités comme l'American University du Caire, l'American University d'Irak à Sulaymaniya et l'American University de Beyrouth contribuent aussi à la promotion des valeurs culturelles et des traditions américaines à l'étranger, ainsi que le rappelle Athanasios Moulakis, le président de l'American University d'Irak. [68]

Cependant, le double objectif que poursuit la France, de servir les citoyens français à l'étranger et de contribuer à sa politique diplomatique en soutenant et en promouvant ses écoles à l'étranger, lui est spécifique. La promotion de sa langue, de sa culture et de son système scolaire fait depuis longtemps partie intégrante aussi bien de la politique éducative nationale que de la politique extérieure de la France. L'État reconnait un droit à la scolarisation française pour tous ses citoyens, ce qui constitue un aspect essentiel de cette politique. Ce droit a ses origines dans les lois Jules Ferry et continue de faire l'objet de nombreuses études, de rapports et de recherches de la part du gouvernement et a parfois eu pour résultat un soutien d'une générosité surprenante aux enfants de familles très aisées comme lorsque le Président Nicolas Sarkozy a institué une réforme en 2003 pour une « prise en charge » des frais de scolarité de tous les élèves d'établissements privés à l'étranger. [69] L'intérêt que le gouvernement français porte à l'éducation de ses ressortissants à l'étranger se manifeste même dans des études comme celle de la Cour des Comptes qui cherchait à déterminer dans un sondage les raisons pour lesquelles certains parents n'avaient pas scolarisé leurs enfants dans une école française.

Le fait que ces écoles attirent un public international a aussi contribué à en faire un auxiliaire précieux de la politique étrangère de la France par le biais de ce que les spécialistes des relations internationales et les chercheurs en politique étrangère appellent « soft power » ou « diplomatie culturelle ». Aujourd'hui, la France soutient un réseau international d'établissements scolaires du primaire et du secondaire qui compte 492 écoles dans 137 pays avec plus de 350 000 élèves, dont seuls 40% sont français. [70] Selon Olivier Boasson, ancien directeur de l'Institut français au Sénégal, le montant du soutien financier direct accordé par le gouvernement à ces établissements s'élève à plus de 800 millions d'Euros. [71] La France consacre encore des ressources supplémentaires à la promotion de la langue française à l'étranger en soutenant un réseau de plus de mille Alliances françaises dont les instituts offrent des cours de langue et des activités culturelles dans plus de 110 pays. De plus, les ambassades et les consulats fournissent une aide financière et un soutien pédagogique à l'enseignement du français seconde langue dans les établissements du primaire et du secondaire et dans les universités du monde entier dans le cadre des programmes scolaires et culturels des antennes internationales du ministère des Affaires étrangères. Aux États-Unis par exemple, le personnel de l'Ambassade de France compte deux postes fixes de diplomates chargés de l'enseignement du français et de la promotion des écoles françaises en Amérique du Nord en plus de plusieurs attachés culturels travaillant dans des régions diverses. En 2010, donc assez récemment, l'Institut français a été créé pour « servir de véhicule » à une « diplomatie d'influence » plus ambitieuse dans le cadre de la politique gouvernementale et de ses priorités. [72] Depuis environ 2004, le gouvernement français accorde un soutien financier direct aux programmes bilingues ainsi qu'aux programmes de langue d'héritage dans les écoles publiques des États-Unis.

Comme l'explique Jean-Marie Guéhenno, diplomate et ancien conseiller culturel auprès de l'Ambassade de France aux États-Unis à New York, deux motivations sous-tendent le développement du réseau des écoles françaises à l'étranger :

> La première est que pour les ressortissants français à l'étranger, il est important d'avoir accès à une école française. Les Français s'attendent à ce que l'État leur garantisse qu'il y aura des écoles ... Je dirais qu'il s'agit là d'une préoccupation française, que c'est important pour les ressortissants français. L'autre motivation est que [le réseau des écoles françaises] est un vecteur d'influence pour la France. [73]

Comme nous l'avons rappelé dans le précédent chapitre, le système éducatif et la langue constituent les éléments fondamentaux du sentiment d'identité nationale des Français. Pendant toute la période coloniale au XIXe siècle et avec l'expansion énorme de la présence de la France à l'étranger, le désir d'assurer un enseignement français aux ressortissants français à l'étranger a constitué un facteur essentiel de la création de ces réseaux d'écoles. Les enfants pouvaient certes apprendre ou pratiquer le français dans des contextes différents, mais une scolarité dans le système public national conférait une légitimité essentielle au maintien d'une appartenance citoyenne à la France. Ainsi que l'explique l'historien et ancien recteur d'univesité, Philippe Joutard, le lien entre langue, scolarité et identité nationale existe depuis la IIIe République et constitue l'un des éléments de justification principaux de l'implantation d'un réseau scolaire à l'étranger :

> La France poursuit depuis longtemps des politiques
> systématiques uniques d'enseignement à l'étranger pour une
> raison extrêmement simple : depuis les débuts de la IIIe
> République en 1870, l'école est un élément fondamental de
> l'identité républicaine française ... C'est-à-dire que depuis
> 1870, la France est son école et une école nationale, ce qui
> fait qu'on s'est rendu compte que la meilleure manière
> d'étendre l'influence de la culture française à travers le monde
> ne passe pas seulement par l'Alliance française, mais par le
> réseau d'écoles.[74]

Des organismes comme l'Alliance française ont clairement pour
mission d'attirer des élèves (de tous âges) qui voudraient apprendre
le français, mais un réseau d'établissements scolaires de la maternelle
jusqu'au lycée attirerait un public bien plus large.

Qui choisit de scolariser ses enfants dans une école française à l'étranger ?

La clientèle des écoles françaises à l'étranger est très diverse, mais on
peut la diviser en trois catégories d'ensemble : les enfants de familles
françaises ou francophones vivant à l'étranger, les enfants de familles
locales et les enfants de l'élite internationale élargie de la diplomatie
et du monde des affaires. Chaque catégorie a choisi l'école pour des
raisons qui lui sont particulières, mais contribue ce faisant à la
mission de chaque établissement autant qu'aux objectifs du
gouvernement français.

Selon Guéhenno, le réseau des écoles françaises attire
particulièrement les élites mondialisées, diplomates ou cadres du
monde des affaires, qui sont séduites par la bonne réputation du
système éducatif français et la certitude de pouvoir retrouver une
autre école française à leur prochain poste à l'étranger :

> Les établissements [français] du secondaire ont encore une
> assez bonne réputation si bien qu'il y a souvent une partie de
> l'élite du pays qui trouve un intérêt à ce que ses enfants fassent
> leurs études dans une école française. Comme il existe un
> réseau d'écoles, lorsqu'on y entre il est possible de faire
> circuler toute une catégorie de gens dans le monde de
> Singapour à New York, à Londres, et le fait que ces gens

puissent trouver un lycée dans chacune de ces villes est important. [75]

De plus, en attirant ces élites et en les exposant à la langue et à la culture française, on peut espérer créer un sentiment de bienveillance envers la France parmi les élites mondiales. Ceci explique la raison pour laquelle la France concentre ses efforts presque exclusivement sur le primaire et le secondaire plutôt que sur l'enseignement supérieur. Ainsi que le dit Guéhenno, « Ce sont les années qui comptent dans le développement de l'enfant. Lorsque des membres de l'élite d'un pays auront été formés dans le système français, ils seront, dans une certaine mesure, plus enclins à soutenir la France, à la considérer d'un œil bienveillant. » [76] Le théoricien du « soft power », Joseph Nye, ajouterait à ceci que la diplomatie culturelle se joue toujours sur le long terme et que ces écoles en sont un des meilleurs exemples. Dans d'autres moments, le réseau d'écoles français a pu servir de refuge intellectuel dans des pays sous l'emprise de régimes répressifs, ainsi que le rappelle Florent Vergès, secrétaire général adjoint à l'AEFE. En Espagne et au Portugal, par exemple, beaucoup de membres du gouvernement actuel sont d'anciens élèves des écoles françaises : sous la dictature de Francisco Franco en Espagne et d'Antonio Salazar au Portugal, les écoles françaises étaient parmi les rares endroits où l'on pouvait porter un regard critique sur le régime, attirant donc les familles engagées dans l'opposition. [77]

Diplomatie culturelle et soft power par l'enseignement

Les hommes politiques français ont toujours été conscients du rôle que jouent la langue et la culture françaises pour le maintien de la France à son rang sur la scène mondiale ; c'est ce que montrent les paroles prononcées par Xavier Darcos, ministre de l'Éducation nationale sous Nicolas Sarkozy :

> L'influence qu'un pays peut exercer va au-delà de sa puissance économique, stratégique ou militaire et de la place qu'il occupe au sein des organismes de gouvernance mondiale. Ce qu'il faut prendre en compte, c'est le pouvoir de séduction que peuvent posséder ses idées, son savoir et sa culture, et comment cela s'articule avec d'autres facteurs de pouvoir. [78]

Quelques éléments de définition du concept de « soft power » ou de
« diplomatie culturelle » serviront à éclairer la manière dont il
s'applique à l'objet de mon travail, les écoles françaises à l'étranger.
Les efforts que fournit un état pour étendre son influence au-delà de
ses frontières en créant des réseaux toujours plus riches d'activités
artistiques, culturelles ou éducatives représentent une forme
particulière du pouvoir de persuader (soft power) par opposition au
pouvoir de contraindre (hard power), la contrainte s'exerçant de
manière plus directe par des mesures économiques ou mêmes
militaires, qu'il s'agisse d'accords de commerce, d'alliances militaires,
de sanctions économiques ou de guerres. L'impact des politiques de
soft power destinées à étendre l'influence d'un pays sur les autres, sera
souvent indirect et moins immédiat ; ces activités sont en général
menées de manière plus souple par le gouvernement central, mais
elles n'en sont pas moins des plus efficaces pour atteindre tel ou tel
objectif de politique étrangère. Ainsi que l'écrit Philip Coombs,
spécialiste de l'enseignement et de la politique étrangère, « Les états
ont de tous temps mis en place des actions visant à projeter leur
politique et promouvoir leur puissance à l'extérieur. Les moyens les
plus évidents sont la guerre, la diplomatie et l'économie, mais la
culture constitue depuis longtemps "la quatrième dimension" de la
politique internationale. »[79]

La France, peut-être plus encore que tous les autres pays du
monde, fait, depuis des siècles, de la diplomatie culturelle un élément
caractéristique de sa politique étrangère. Elle a promu sa culture à
travers l'Europe aux XVIIe et XVIIIe siècles lorsque la langue
française est devenue la langue de la diplomatie et même la langue
que l'on parlait ordinairement dans les cours royales de pays comme
la Prusse et la Russie. Pendant presque tout le XIXe siècle, les valeurs
issues de la Révolution française (les droits de l'homme et du citoyen,
et les valeurs républicaines en général, même sous l'Empire et la
monarchie de Juillet et, suprême paradoxe, même par le biais de la
colonisation) s'exportaient facilement grâce à des organismes
culturels et éducatifs, littéraires, artistiques et musicaux, aussi bien
que grâce aux écoles elles-mêmes. Quant à la politique elle-même,
elle progressa par étapes, selon que la France éprouvait le besoin à
un moment donné d'imposer sa place ou de la défendre sur la scène
mondiale. Une des étapes clé fut la création de l'Alliance française
comme organisation gouvernementale chargée de promouvoir la

langue et la culture françaises à l'étranger. Joseph Nye, dans son travail sur le « soft power » fait remarquer qu'après la défaite de la France face à la Prusse en 1870, le gouvernement chercha à compenser le coup terrible porté au prestige du pays en promouvant sa langue et sa littérature et en créant l'Alliance française en 1883.[80]

Il y eut d'autres moments clés dans l'histoire où la France redoubla d'efforts en matière de diplomatie culturelle, et d'une manière qui concerna aussi les États-Unis : lors de la signature du Traité de Versailles, on vit pour la première fois un accord international de cette envergure rédigé non seulement en français mais aussi, de par la volonté du Président Wilson, en anglais. D'autres moments importants furent la reconstruction après la Deuxième Guerre mondiale et plus récemment, après le 11 septembre 2001 et la guerre contre l'Irak ; la France s'y étant vigoureusement opposée aux Nations Unies.

Si la promotion de la langue et de la culture françaises par des organismes tels que l'Alliance française vise un public qui par principe n'est pas français, le réseau des écoles françaises à l'étranger a des objectifs différents ; d'abord, s'adresser non seulement à un public étranger au niveau local (dans le pays d'accueil) mais aussi à un public international (en servant les élites du corps diplomatique international et du milieu des affaires) et enfin garantir l'accès aux éléments fondamentaux de l'identité nationale aux expatriés français.

Selon Kevin Mulcahy, chercheur en Sciences politiques, « La politique diplomatique de la France est liée à la conception qu'elle a d'elle-même comme dépositaire au long terme du patrimoine culturel mondial. »[81] On considère que le concept d'universalisme français s'applique non seulement au domaine de la culture classique (arts et littérature) mais aussi à la langue française elle-même.

La tradition d'une diplomatie culturelle remonte au XVIe siècle. Pour Mulcahy, la création par François Ier d'un office de Surintendance des Bâtiments royaux en 1535 représente un moment phare où les trésors de l'art français allaient servir à « projeter à l'étranger une image de la France comme nouvelle Rome de la culture ».[82] Après la Seconde Guerre mondiale, la création, au sein du ministère des Affaires étrangères, d'un département spécifiquement chargé de diriger la diplomatie encore les liens entre promotion de la langue et promotion de la culture, ainsi que le lien à la politique étrangère en général.

À l'issue de la Deuxième Guerre mondiale, la France avait perdu son statut international : « De petite grande puissance, la France était passée à un statut bien moindre dans le monde. Alors, pour s'y forger à nouveau une place, elle a déployé son patrimoine artistique et plus encore sa langue. » [83] Cette entreprise de diplomatie culturelle prit une ampleur considérable pendant la décolonisation. Il est notable que Léopold Sédar Senghor, le premier président de la nouvelle nation du Sénégal, ait voulu souligner l'importance du français et de la « francophonie », un terme tout nouveau à l'époque, dans le maintien à l'avenir des liens entre la France et ses anciennes colonies. [84]

La culture et la langue françaises étaient aussi naturellement associées à des avantages d'ordre économique et, de façon générale, de statut à l'international :

> Bref, si les élites des anciennes colonies continuaient à écrire en français, elles seraient plus enclines à signer des contrats rédigés dans cette langue ; et si les élites du monde de la culture restaient accessibles aux charmes de la civilisation française, qu'il s'agisse de l'importation de la cuisine française aux États-Unis (cuisine que Julia Child et ses associés ont à la fois enseignée et élevée au rang de culte mystérieux), ou de livres d'auteurs français ou d'expositions itinérantes, alors la France pouvait espérer tirer un large profit de ce que Pierre Bourdieu a appelé son « capital symbolique ».[85]

Après la Seconde Guerre mondiale, la réévaluation de la diplomatie culturelle française signifiait qu'il était important pour la France autant que pour les États-Unis que ces efforts aboutissent à rétablir non seulement l'universalité du français mais aussi le statut de la France comme puissance majeure.

Pour ce qui concerne la place accordée à la langue française aux États-Unis, ce n'est qu'après le National Defense of Education Act (1958) que l'enseignement des langues étrangères dans le secondaire et le supérieur a repris de la vigueur. Entre 1958 et 1962, par exemple, le nombre de lycéens américains inscrits en cours de français est passé de 479 769 à 1. 018 097, une augmentation remarquable de 112% en quatre années ; augmentation bien plus rapide que celle qui a touché l'espagnol en 1962 et avec un nombre bien plus important d'élèves que pour l'allemand. [86]

La culture française peut dans une large mesure être identifiée à ses écoles et c'est ce qui s'est passé. Ainsi que l'explique Joutard, « Les Français estiment depuis très longtemps que leur culture ne se transmet pas seulement par le truchement d'évènements culturels, par des conférences, par le théâtre [...] mais que l'influence passe par les écoles de France », présentes aujourd'hui dans le monde entier.[87] On comprend donc bien que les écoles françaises n'existent pas seulement pour éduquer les enfants des francophones vivant à l'étranger mais aussi pour étendre la langue et la culture françaises au reste du monde : « L'école française n'est pas simplement destinée aux expatriés ; elle ne justifierait pas ce réseau si important ; ces écoles existent aussi pour la population locale. » [88] Ainsi que le dit Sean Lynch, qui a été à la tête du Lycée Français de New York de 2011 à 2018, « Nous choisissons en effet, à l'intérieur de certaines contraintes, de jouer ce rôle proactif de diplomatie culturelle ... C'est le cœur même de ce qui constitue notre mission. » [89]

L'universalisme français

Depuis longtemps, les écoles françaises se voient comme porteuses d'une mission, celle de propager des valeurs universelles en France comme à l'étranger :

> Les écoles françaises sont les véhicules de la culture française, elle-même fondée sur la langue française, tout en développant l'idée d'universalité. Je pense qu'en France, comme aux États-Unis, on a tendance à penser en termes d'universalité... Les Français pensent que ce qui est bon pour les Français l'est aussi pour le reste du monde et nous avons tendance à penser en termes de l'humanité en général. Il y a une part de vérité à cela, puisque les philosophes du XVIIIe siècle pensaient l'universel, l'humanisme ... Même aujourd'hui, les Français ont spontanément tendance à penser à l'universel.[90]

Au sein de cette mission universaliste apparaissent des contradictions profondes comme en témoigne par exemple la controverse autour du port du voile à l'école ; beaucoup d'écoles à l'étranger ont au contraire pris le parti de s'adapter plutôt que de résister contre les coutumes locales si bien que dans les lycées français du monde arabe le port du voile est autorisé alors qu'il est interdit aux élèves des écoles de l'hexagone.

Selon Philip Golub qui enseigne les Sciences politiques à l'American University à Paris, les écoles françaises à l'étranger sont « presque [considérées] comme des organismes diplomatiques ».[91] Golub raconte à ce propos une anecdote révélatrice lors de laquelle un élève qui avait refusé de se lever pendant l'hymne national américain en signe de protestation contre la guerre du Vietnam a été giflé par un diplomate français :

> Il a carrément quitté l'estrade et a giflé l'élève en lui disant explicitement que le Lycée Français avait une mission diplomatique et que la France ne pouvait pas faire ce type de déclaration politique. Il ne pouvait y avoir de prise de position politique publique dans un lycée français. L'incident montre à quel point le Quai d'Orsay est proche des structures de direction des lycées.[92]

Le *New York Times* couvrit lui aussi l'incident.[93] Autre indication : lors de grandes occasions ou de cérémonies de remise de prix, des dignitaires français sont souvent présents, tel le consul ou l'ambassadeur de France auprès des États-Unis et parfois même le chef de l'État : en 2003, la cérémonie d'inauguration des nouveaux bâtiments du Lycée français se fit en présence du Président Jacques Chirac.

CHAPITRE IV

Les Huguenots et l'enseignement français à New York jusqu'en 1934

D es écoles françaises sont apparues aux États-Unis bien plus tard que dans d'autres pays. Pourtant, certains facteurs créaient un environnement favorable à l'enseignement français surtout à partir du XVIIIe et au XIXe siècle : l'importance du français comme langue internationale, l'intérêt grandissant pour la langue et la culture française dès la Révolution américaine, et son attrait qui persiste aujourd'hui. Il n'en demeure pas moins que l'implantation d'écoles françaises aux États-Unis et à New York a pris un cours très différent de celui qui a eu lieu dans les colonies de la France ou même dans les grandes capitales européennes comme Berlin, Madrid ou Moscou et cela surtout parce que les États-Unis n'étaient pas une colonie française. En effet, alors que les écoles françaises à l'étranger se sont développées parallèlement aux autres institutions coloniales, et qu'elles se considéraient explicitement comme ayant pour mission de « civiliser » les populations des colonies, les écoles françaises aux États-Unis ont toujours été créées par des personnes privées et soutenues par des francophones locaux ou par des Américains francophiles. Après avoir présenté une vue d'ensemble du contexte historique, je consacrerai ce chapitre à une étude de l'École économique de la ville de New York. Cette école fut un des premiers exemples d'écoles françaises aux États-Unis et elle nous servira à mettre en lumière certaines orientations majeures du développement subséquent de l'enseignement français dans un contexte non colonial.

Les débuts de l'histoire de l'enseignement français aux États-Unis

Contrairement aux écoles créées par des missionnaires catholiques dans les colonies, les écoles françaises qui s'établirent aux États-Unis n'ont jamais eu pour but affiché de « convertir » les populations locales. Pourtant, les écoles qui s'y sont ouvertes, qui existent toujours et même sont en pleine expansion aujourd'hui et qui sont en partie financées par le ministère de l'Éducation nationale, ont bien une mission, qui est double : d'abord, donner aux Français à l'étranger accès à l'enseignement (un des droits fondamentaux du citoyen), ensuite, servir une politique plus large de diplomatie culturelle en promouvant la langue et la culture françaises dans un monde de plus en plus anglicisé.

À la fin du XVIIIe siècle et au début du XIXe, la langue et la culture françaises jouissaient dans l'ensemble d'un prestige remarquable aux États-Unis, dû tout d'abord au rôle joué par les troupes de La Fayette lors de la Révolution américaine. Cela n'avait en fait pas toujours été le cas : tout au long du XVIIe et au début du XVIIIe siècle, la France et l'Église catholique française étaient détestées par la population des colonies anglaises. Un des bestsellers du XVIIe siècle en Amérique, *Le Converti* (*The Convert*) raconte la conversion héroïque d'un noble Huguenot échappant aux griffes de l'église catholique française.

D'après certaines sources, les premiers efforts organisés pour enseigner le français dans les territoires qui constitueraient plus tard les États-Unis furent dus aux missionnaires qui, dès le début du XVIIe siècle, voulaient porter l'instruction aux tribus autochtones.[94] Les missionnaires jésuites enseignaient le français aux tribus avec lesquelles ils étaient en contact sans chercher à créer de véritables écoles. La révocation de l'Édit de Nantes par Louis XIV en 1685, marqua la fin d'une longue période de tolérance religieuse, provoquant ainsi un important mouvement d'émigration des protestants de France : beaucoup d'entre eux prirent le chemin qui avait mené les Puritains d'Angleterre en Hollande puis en Amérique du Nord, dans les régions du Massachusetts, de New York et de la Caroline du Sud.[95] Ces immigrants francophones ne désiraient pas toujours revenir un jour en France et ne tenaient pas à assurer la survie de la langue française, y compris lorsqu'elle eut acquis un prestige et une popularité grandissante aux États-Unis.

Les premières colonies huguenotes de langue française à New Rochelle, Charleston et dans les villes de Mobile et de la Nouvelle Orléans en Louisiane, accueillirent au bout d'un certain temps de petites écoles françaises qui attiraient aussi certains habitants de la région. De nombreux documents attestent de la popularité des cours particuliers de français dans d'autres grandes villes comme Boston et Philadelphie : on trouve dans les petites annonces de certains journaux des offres régulières de cours de français. Il y a peu de raisons de croire, cependant, que le français ait été enseigné dans des écoles ou des pensionnats avant la seconde moitié du XVIIIe siècle.

Dans les années 1750 à 1770 on assiste, dans les colonies américaines, à une augmentation générale de l'enseignement organisé du français alors même que la pratique de la langue continuait de baisser en faveur de l'anglais. [96] À l'université de Harvard, l'enseignement du français reprit après avoir été banni à la suite d'une expérience désastreuse où le premier professeur de français de l'université avait succombé à une expérience mystique qui heurtait les convictions des administrateurs de Harvard. [97] À cause de cette affaire, l'enseignement du français fut absent du cursus qui menait au diplôme jusqu'en 1778 et il fallut attendre 1797 pour que soit créé un véritable poste de professeur. [98]

Dans l'état de New York, parmi les Français installés à la Nouvelle Amsterdam, se trouvaient le premier médecin[99] de la ville et son premier maître d'école, arrivés en 1637, si bien qu'à partir de 1656, tous les règlements de l'administration et de la ville furent publiés en français et en hollandais. [100] Selon certains rapports, en 1661, la moitié des habitants de Harlem étaient des Huguenots français. [101]

Depuis les premières arrivées de Protestants français à la Nouvelle Amsterdam et pendant la période anglaise, les colonies huguenotes conservèrent une langue et une culture françaises à part avec parfois des écoles françaises, comme par exemple à New Paltz où le premier maître d'école, un certain Jean Cottin, se vit attribuer une maison où habiter en 1689. [102] Une colonie assez nombreuse s'était aussi installée à New Rochelle si bien qu'un observateur avait pu noter dans son journal que « beaucoup vont aux offices dans le seul but d'apprendre cette langue à la mode » ; de même à Manhattan, où une église protestante proposait un service en français et continuerait de le faire du début du XIXe siècle à aujourd'hui. [103]

Ces premières écoles et ces premiers temples protestants français ne servaient pas en effet que la population huguenote locale mais aussi un certain nombre de colons anglais et hollandais qui envoyaient leurs enfants apprendre la langue qui remplaçait désormais le latin comme langue internationale de la diplomatie et du commerce. Posséder un peu de français était partout dans le monde, même en Angleterre, une marque de prestige et de distinction sociale. À noter cependant que ces écoles ne remplaçaient pas l'anglais dans l'enseignement : c'était de toute façon la langue d'instruction à peu près partout aux États-Unis, même si l'anglais n'avait jamais été déclaré langue « officielle ».[104] Que l'apprentissage du français ait été si populaire est peut-être dû au succès des efforts fournis par la France depuis l'Ancien Régime pour faire du français la langue de la diplomatie internationale. Le rapport étroit entre politique gouvernementale et promotion de la langue française a été établi dès Richelieu, puis Mazarin qui « nommaient comme ambassadeurs de savants hommes de Lettres chargés de promouvoir la langue française ».[105] C'est pourquoi il n'est pas surprenant que des Américains promis à un brillant avenir dans la diplomatie ou au gouvernement aient considéré la langue française comme un outil utile et important. Parmi les élèves de l'école française de New Rochelle, on compte John Jay, Washington Irving, le Général Philip Schuyler et le futur ambassadeur des États-Unis en France, Gouverneur Morris.[106] Cette période vit aussi une augmentation importante du nombre de manuels de français publiés aux États-Unis ainsi que de manuels importés.

Ces échanges ne cessèrent d'augmenter tant que dura l'alliance entre la France et les colonies américaines. Mais l'intérêt porté à la langue comme à la culture française subit un déclin soudain face aux excès de la Révolution française puis tourna à l'hostilité après l'affaire XYZ en 1798.[107] Une attitude généralement favorable persista, mais un article intitulé « Pensées sur l'instruction des femmes », composé par un éminent médecin, homme d'état et éducateur, Benjamin Rush, et publié dans le *Columbia Magazine* en 1798, illustre bien les réactions négatives après cette affaire :

> Que l'on me permette de témoigner contre ceux qui veulent que l'apprentissage du français fasse partie de l'éducation des femmes en Amérique. En Angleterre, où les femmes n'ont d'autre tâche que de pourvoir à la compagnie et aux plaisirs, et n'ont pas à s'occuper ni des enfants ni de la cuisine, et où elles fréquentent chaque jour des Français ou d'autres

étrangers qui parlent cette langue, ce savoir est nécessaire. Mais la situation n'est pas la même dans notre pays ... Qu'on ne me dise pas pour défendre l'apprentissage du français que beaucoup de beaux livres sont écrits dans cette langue. Ceux qui le méritent vraiment sont traduits ; et, même si ce n'était pas le cas, la langue anglaise contient bien plus de livres véritablement utiles et pleins d'informations pratiques que la fille ou l'épouse d'un citoyen américain peut lire sans porter atteinte à ses autres devoirs. [108]

Précisons que le docteur Rush ne voulait pas non plus que les femmes apprennent la musique ou le dessin, estimant que ces activités prendraient sur le temps qu'elles devaient plutôt consacrer à l'étude de la philosophie, de la littérature et au perfectionnement de la langue anglaise.

Cette réaction de rejet de la langue et de la culture française dura peu et une nouvelle vague d'immigration francophone, issue cette fois des Antilles après la révolution à Saint Domingue (Haïti), renouvela l'intérêt pour l'enseignement français, surtout à New York et en Louisiane où 1'on estime que s'installèrent quelques 30 000 réfugiés, pour la plupart instruits et de classe sociale moyenne ou élevée. Ce qui intéresse particulièrement notre propos dans cette période fut la création de l'École économique (Economical School) en 1810 pour servir « les réfugiés démunis de Saint Domingue » : l'histoire de cette école en fait un exemple pris sur le vif de l'évolution de l'enseignement public à l'époque aux États-Unis aussi bien qu'en France. L'école ouvrit ses portes deux ans après la création du ministère de l'Éducation nationale en France ; elle fonctionna pendant quinze ans et fut dirigée par des personnalités importantes de la communauté française et des Américains issus de l'administration locale, engagés ensemble dans le tout nouveau mouvement pour la scolarité publique. Elle est un premier exemple de collaboration au niveau officiel entre éducateurs internationaux. De plus, et pour la première fois, l'enseignement français dispensé par l'école visait plus que le simple apprentissage du français comme langue étrangère ; il s'agissait, comme ce serait le cas au XXe siècle pour les écoles françaises à l'étranger, d'aider à la fois les citoyens français susceptibles de rentrer en France et de servir des familles New-Yorkaises qui ne rentreraient pas.

Le Baron Hyde de Neuville et la création de
l'École économique

Le fondateur de l'École économique à New York, le Baron Guillaume Hyde de Neuville était un royaliste fortuné. Le baron, qui avait vécu en exil de façon quasi continue depuis la Révolution, s'était réfugié à New York après l'échec de ses tentatives de négociation auprès de Napoléon en faveur des Bourbons. Dès les débuts de l'École à New York, Hyde de Neuville envisageait qu'elle aurait un rôle double, présageant l'avenir des écoles françaises de New York : il voyait clairement que sa mission serait de servir les populations locales désireuses d'apprendre le français et les exilés qui espéraient rentrer en France. L'épouse d'Hyde de Neuville, une artiste amateur prolifique, illustra leur séjour en Amérique de nombreux dessins et aquarelles : on y trouve beaucoup de représentations de tribus indiennes et des premiers villages de colons dans le nord de l'état de New York, mais aussi, étonnamment, des portraits d'élèves de l'École économique où elle-même enseignait. [109]
À l'origine, ce fut la situation alarmante dans laquelle se trouvaient les réfugiés de l'ancienne colonie de Saint Domingue qui décida Hyde de Neuville à prendre les choses en main et fonder une école où les enfants de ces réfugiés pourraient continuer à recevoir un enseignement français.

Cette décision et la fondation de l'École économique résultaient en fait d'un concours de circonstances remarquable. À partir de 1792, les immigrants français étaient principalement issus des classes moyennes ou de l'aristocratie et leurs enfants avaient pour la plupart déjà reçu un enseignement dans des écoles françaises ou auprès de précepteurs en France ou à Saint Domingue avant d'arriver à New York. Beaucoup d'entre eux rentreraient en France après la chute de Napoléon en 1815, mais certains reviendraient aux États-Unis, qu'il s'agisse de riches hommes d'affaires ou, comme Hyde de Neuville, de représentants du nouveau gouvernement sous la Restauration (Hyde de Neuville fut ambassadeur de France à Washington de 1816 à 1821). Tous cependant n'étaient pas aussi fortunés et certains arrivèrent à New York ayant tout perdu dans la révolution à Haïti, même si par ailleurs, l'indemnité versée par le gouvernement haïtien (60 millions de dollars sur 60 années) aux propriétaires français de l'île avait fourni des revenus importants à certaines familles. (Haïti, rappelons-le, versa un million de dollars annuellement jusqu'à faire faillite en 1850, la dette ayant atteint la terrible somme de 450 millions de dollars en monnaie d'aujourd'hui.) L'École donc devait être « économique », accessible à toutes les bourses, avec des frais de scolarité très réduits ; sa mission serait d'offrir une instruction décente aux pauvres de New York, surtout les francophones.

L'École économique de la ville de New York fut constituée en société par un décret-loi de l'État de New York le 10 mars 1810. L'article 1 de son *Règlement* (*Regulations*), stipulait que l'école avait pour mission de « promouvoir l'éducation, de la rendre peu coûteuse et de donner accès à l'instruction aux enfants des immigrants et autres étrangers ». [110]

Les bâtiments de l'école se trouvaient à l'origine à Chapel Street (aujourd'hui West Broadway) à mi-chemin entre Duane et Reade Street ; puis l'école déménagea à Anthony Street (aujourd'hui Worth Street), en face de l'Hôpital de New York (New York Hospital). [111] D'après les comptes-rendus de l'époque, l'école, une fois qu'elle eut déménagé, put jouir de bâtiments imposants : « Le bâtiment était grand, il a [sic] deux ailes et une flèche séparée qui possède une cloche. » [112] L'imprimerie de l'école, qui devait imprimer plus tard des textes en français aussi bien que dans d'autres langues étrangères, se trouvait au 59 Church Street et les élèves eux-mêmes y travaillaient. [113]

Le *Règlement* que nous avons cité plus haut prévoyait que l'école compterait deux classes : la petite pour des élèves âgés de 12 ans ou moins qui apprendraient la lecture et l'écriture en français et en anglais ainsi que les mathématiques. L'enseignement y serait conduit « selon la méthode de Lancaster ». La « grande » classe accueillerait les élèves plus âgés ou qui étaient capables de « lire et écrire suffisamment bien pour faire les exercices du cours ». Cette classe serait « consacrée à l'étude de la langue française, aux principes de la grammaire, à la géographie, à l'histoire et aux mathématiques ». Plus tard, l'école enseignerait aussi le dessin industriel et la comptabilité. D'autres « personnes désireuses d'apprendre le français » furent aussi admises ; elles étaient soumises aux mêmes règles en matière de paiement et d'assiduité aux cours. Quant aux frais de scolarité, ils étaient appliqués selon une échelle mobile « de deux shillings à trois dollars par trimestre, selon le tarif calculé par les inspecteurs ». Quant aux livres et au matériel de classe, ainsi que le bois de chauffage, ils étaient à la charge des élèves, sauf dans des cas de difficultés financières majeures. [114]

Le Conseil d'administration de l'École économique

Le *Règlement* prévoyait que l'école serait gouvernée par un conseil de neuf administrateurs. On trouve dans ses statuts la liste des membres fondateurs : Benjamin Moore, Victor Moreau, Hyde de Neuville, Charles Wilkes, John B. Lombart, William MacNeven, John R. Murray, Thomas Eddy et Clement Moore. [115] Benjamin Moore fut le premier président de l'école ; Victor Moreau son premier vice-président ; Hyde de Neuville son premier secrétaire et Charles Wilkes son premier trésorier. [116] Ils étaient chargés d'embaucher les professeurs et prenaient part à la gestion au quotidien de l'école. On sait par exemple que le Baron et la Baronne Hyde de Neuville venaient souvent à l'école et qu'ils étaient très proches de leurs élèves, comme le montre la série d'aquarelles de la baronne où certains élèves sont représentés dans diverses activités scolaires.[117] Certains administrateurs enseignaient aussi, comme par exemple Victor Moreau et John Lombart. Selon Barrett, Hyde de Neuville comme Victor Moreau avaient l'habitude de visiter l'école chaque jour : « Tous les matins, Hyde de Neuville et le Général Moreau allaient à l'école, donnaient des conférences et des explications aux élèves. » [118] Cet engagement quotidien du fondateur de l'école et de ses administrateurs témoigne de la nature philanthropique de leur projet et de l'importance de sa mission.

Parmi les membres du conseil d'administration de l'école, plusieurs noms méritent qu'on s'y arrête, certains parce qu'ils faisaient partie du gouvernement de l'état ou de la région, d'autres parce que c'étaient des notables français ou des hommes politiques expatriés. En effet, pour lancer une telle entreprise philanthropique, il fallait un soutien financier et politique considérable. Le succès dont elle fut couronnée dès le départ n'aurait pas été possible si un certain nombre de personnalités new-yorkaises influentes ne s'y étaient jointes (plusieurs d'entre elles deviendraient membres du conseil d'administration de l'école). Benjamin Moore, par exemple, était président de l'université de Columbia–Columbia College à l'époque ; son fils, Clement C. Moore était poète. Charles Wilkes, un riche financier, était président de la Banque de New York. William MacNeven, un médecin irlandais exilé, enseignait la chimie et l'obstétrique au New York College de médecine et de chirurgie. Thomas Eddy était un quaker philanthrope et un homme politique ; il avait été directeur du New York Hospital et avait aussi participé à la réforme des prisons de l'état et, comme Wilkes, il était membre de la Société pour l'école libre de New York (New York Free School Society). Ce fut grâce aux relations qu'il avait établies avec eux qu'Hyde de Neuville put compter sur un soutien financier et politique pour son projet ; en 1810, Thomas Eddy lui-même adressa la demande d'enregistrement de l'école aux législateurs de l'état de New York. [119]

De fait, le nombre de personnalités de la ville associées à l'École économique allait bien au-delà des neuf membres du conseil d'administration : la gestion de l'école se faisait en coopération étroite avec l'administration de la ville de New York et le *Règlement* stipulait que « le maire, le greffier, les conseillers municipaux et les adjoints de la ville de New York sont et pourront être membres de droit de [la Société de l'École économique] ». L'école bénéficia aussi à ses débuts du soutien d'Henry Cruger, un riche homme d'affaires dont le père avait été maire de la ville et de Dewitt Clinton, qui présidait alors la Free School Society. [120] Clinton, étoile montante dans les milieux politiques de l'état de New York, joua un rôle essentiel dans l'histoire de l'école en apportant un soutien matériel aussi bien que politique à sa création. Hyde de Neuville, dans une lettre datée du 11 avril 1809, adresse une requête à Clinton, alors maire de New York et président du Sénat de l'état, pour lui demander son soutien ; il s'appuie sur le fait que Clinton lui-même s'était engagé dans la réforme de l'enseignement :

> J'ai l'honneur de m'adresser à vous au sujet d'un projet d'établissement libre. L'on vous sait bien zélé protecteur de tous les établissements de ce genre et c'est ce qui m'autorise à requérir votre attention bienveillante pour celui-ci.
>
> Daignez, Monsieur, placer votre nom en tête de la liste des membres de cette société et son succès sera assuré. [121]

La requête d'Hyde de Neuville ne resta pas sans réponse. Le 6 mars, Clinton fit parvenir un rapport aux Sénateurs de l'État de New York :

> Vu que l'établissement mentionné ci-dessus a tout d'abord été créé pour l'instruction de personnes pauvres, chassées de leur pays par les malheurs de la guerre ; que par la suite il s'est ouvert aux pauvres de toutes les nationalités; qu'il a adopté la célèbre méthode de Lancaster ; qu'il accueille plus de 200 élèves ; qu'il est organisé de manière à être extrêmement utile et qu'il est soutenu principalement par ses fondateurs, l'opinion du comité est qu'il mérite à juste titre que l'état y prête une attention favorable. [122]

Un projet de loi fut présenté au Sénat et la Société de l'École économique fut enregistrée le lendemain. Clinton contribua aussi à ce qu'une loi soit votée qui autorisait le maire à prélever un impôt sur les habitants de la ville de New York dont le revenu serait distribué aux membres du conseil d'administration de la Free School Society comme aux membres du conseil de l'École économique. [123] Clinton resta proche de l'école tout au long de son histoire et devint plus tard président de la société.

Parmi les premiers soutiens de l'école un grand nombre étaient des notables français émigrés, ce qui renforçait les liens de l'institution avec la France et la langue française même si Hyde de Neuville, pour sa part, était opposé au régime napoléonien. Victor Moreau, par exemple, était un général qui avait soutenu Napoléon Bonaparte dans sa conquête du pouvoir, puis avait été banni aux États-Unis pour avoir participé à un complot pour assassiner l'empereur. Comme l'indique la liste des premiers membres du conseil d'administration, Hyde de Neuville avait aussi réussi à obtenir le soutien de John B. Lombart, le premier secrétaire du Consulat de France, et de ce fait représentant officiel du gouvernement français à New York. La chose est assez surprenante vu les liens étroits qu'Hyde de Neuville entretenait avec les royalistes mais elle montre que tous deux étaient capables de mettre de côté leur désaccord en matière de politique pour offrir aux francophones de New York une scolarité peu coûteuse. [124] Et de fait, dans ses mémoires, Hyde de Neuville mentionne la requête qu'il avait adressée au gouvernement français en faveur des réfugiés français des colonies :

> On peut se rappeler que l'« Economical school », que j'avais fondée pendant mon exil aux États-Unis, était destinée aux enfants pauvres des Français de Saint-Domingue. J'avais appelé l'attention du ministre sur cette infortune.
>
> Je demandai que le gouvernement voulût bien envoyer de temps en temps une gabare pour transporter de pauvres Français qui auraient encore des ressources dans leurs familles, mais qui ne pouvaient se rendre en France, faute de pouvoir acquitter les frais de passage.[125]

Il s'avère de plus que l'intérêt que le premier secrétaire du Consulat portait à l'école était plus qu'une formalité : selon l'auteur de la biographie d'Hyde de Neuville, Lombart était un des principaux professeurs de l'école, où il enseignait le français, l'histoire, la géographie et l'anglais.[126] Le fait qu'un représentant officiel du gouvernement français participe d'aussi près à la gestion au jour le jour de l'école montre clairement les liens étroits que l'école a maintenu avec la France tout au long de son histoire, et indique qu'on y avait sans doute dès le départ adopté un cursus et des méthodes d'enseignement français.

Enfin, l'école à ses débuts bénéficia aussi du soutien de l'évêque français de Boston, Cheverus, et la liste des membres du conseil d'administration publiée dans le second numéro du *Journal des dames* cite aussi le Père Vianney, un carmélite français qui avait accompli une action importante auprès des réfugiés de Saint Domingue, et Labiche de Reignefort, lui-même un réfugié de l'ancienne colonie française.[127]

Parmi les membres du conseil qui succédèrent à ceux-ci, on compterait par exemple des médecins émigrés, le docteur Cognacq et le docteur Evrard.[128] Il semble bien que la composition double du conseil d'administration où siégeaient Français et Américains ait été exceptionnelle pour son temps. Dans un discours qu'il fit à la Free School Society, Dewitt Clinton déclara que l'école « était chère à des hommes, Français et Américains, dont la fortune et les qualités inspirent le plus grand respect et que leur bienfaisance rend dignes de toutes les louanges. »[129] Que le conseil d'administration ait été composé à la fois d'hommes politiques new-yorkais et de diplomates français comme le Consul Lombart indique une remarquable convergence d'intérêts entre les Français et les Américains au moins en ce qui concernait l'afflux de réfugiés de langue française provenant des anciennes colonies. Ceci est d'autant plus remarquable qu'à l'époque les relations diplomatiques entre la France et les États-Unis étaient tendues, les États-Unis ayant choisi la neutralité pendant les guerres napoléoniennes et vu que les restrictions sur le commerce entre les deux pays étaient restées en vigueur malgré la révocation de la déclaration d'embargo en 1809, un an à peine avant la fondation de l'école. [130]

Le cursus et la langue d'enseignement à l'École économique

Nos renseignements en ce qui concerne la langue principale d'enseignement à l'école sont quelque peu ambigus. D'une part, les statuts adoptés par le Sénat de l'état de New York stipulent que l'École économique est établie « pour l'instruction des enfants d'émigrés français résidant à New York, dans la langue et la littérature anglaise ». [131] Cependant, le règlement interne de l'école n'indique pas que l'anglais ait été la seule langue, ni même la principale, langue d'instruction. L'article I par exemple, reprend le texte des statuts de la société qui déclarent que l'école a été établie pour « offrir quelque instruction aux enfants des immigrants français et à d'autres étrangers ». [132]

D'autre part, l'article VI suggère que l'instruction se faisait en fait dans les deux langues : « Dans les petites classes on enseignera la lecture et l'écriture en français et en anglais ainsi que l'arithmétique. »[133] L'article VIII accorde encore plus d'importance à l'enseignement en français avec une clause qui prévoit que « la grande classe sera consacrée principalement à l'étude la langue française », et l'article XX présente les grandes lignes du programme de langue française pour les élèves externes, âgés de plus de quinze ans, qui avaient un statut spécial :

> Il y aura dans l'école une classe destinée aux personnes qui désirent assister aux cours pour apprendre la langue française sans être assujetties aux règles régissant les élèves en scolarité régulière. Aucun élève de ce type ne sera admis s'il a moins

de quinze ans, et les frais d'inscription s'élèveront à trois dollars par trimestre, payables d'avance.[134]

Tout ceci semble indiquer que le français était la langue prédominante à l'école quoique l'enseignement y était presque certainement conduit dans les deux langues. L'une des aquarelles de la Baronne de Neuville représente un élève en train de traduire un texte dont le titre est « L'école française » en français suivi de « The French School » en anglais, ce qui semble indiquer une pédagogie bilingue.[135] Plusieurs numéros du *Journal des dames*, le magazine mensuel imprimé par les presses de l'école, proposent des textes dans les deux langues qui servaient sans doute aussi de matériel pédagogique.

Contrairement aux établissements français plus anciens aux États-Unis (à New Paltz et à New Rochelle), l'École économique maintint de toute évidence, et tout au long de son histoire, des liens avec la France. L'importance du français dans le cursus n'est qu'un des aspects de la mission de l'école d'instruire les enfants dans la langue et la culture françaises. Guidée par le goût pour la culture classique d'Hyde de Neuville, l'école resta fidèle aux grandes œuvres de la littérature et de la critique françaises : par exemple, l'édition des *Fables* de La Fontaine publiée par les presses de l'École économique était accompagnée d'un commentaire de Jean-François de La Harpe, écrivain et critique français, et un numéro du *Journal* consacré à la littérature contemporaine reproduisait tout simplement une conférence donnée par La Harpe au Lycée de Paris.[136] De plus, l'édition des *Fables* donnée par les presses de l'école est accompagnée par nombre de notes explicatives, dont beaucoup fournissent des définitions ou des points de grammaire usuelle ainsi que des notes éclairant les allusions de l'auteur au contexte historique et mythologique.

Les manuels des élèves comprenaient du matériel emprunté au cursus national français et l'école mettait en œuvre des pratiques caractéristiques de l'enseignement public en France (comme les remises de prix, par exemple). On trouve dans Barrett par exemple, que « l'école organisait de grands examens chaque année », comme cela se pratiquait traditionnellement en France. Barrett cite aussi les mots inscrits au dos d'un exemplaire d'élève des *Fables* de La Fontaine, tracés de la main d'Hyde de Neuville :

Prix de bonne conduite accordé à Miss Hostin le 9 juillet 1810, par les membres du comité inspecteur de l'école.

(Signé) G. HYDE NEUVILLE

(Signé) LOMBART. Instituteur.[137]

Le cursus, proche du cursus français, permettait aux meilleurs élèves de rentrer en France terminer leurs études. Parmi ces bons élèves, le plus remarquable est sans doute Philippe Ricord, le fils d'une famille royaliste qui s'était réfugiée aux États-Unis après la Révolution française. Ricord fut un des premiers élèves de l'école : on trouve son nom dans le registre de 1810.[138] Ricord fit ses études primaires à l'école puis travailla à divers petits emplois pour gagner sa vie aux États-Unis. Il eut aussi l'occasion de participer à plusieurs expéditions scientifiques avec son frère, un naturaliste, et c'est à cette époque qu'il fit la connaissance de Charles Alexandre Lesueur, un naturaliste et explorateur français. Lorsqu'Hyde de Neuville revint aux États-Unis en 1816 comme Ambassadeur de France, il retrouva son ancien élève et usa de son influence pour faciliter son retour en France. En 1820, Hyde de Neuville chargea Ricord de recueillir et de livrer au Muséum d'Histoire naturelle des spécimens zoologiques, avec l'accord de Lesueur.[139] Il envoya son ancien élève, muni d'une lettre d'introduction, se présenter à Georges Cuvier, l'éminent naturaliste et professeur d'Histoire naturelle au Collège de France.[140] Grâce à la recommandation d'Hyde de Neuville, les frères furent nommés conservateurs de la collection. Pour suppléer à son maigre salaire, Ricord donna des leçons d'anglais et traduisit certains ouvrages de sciences naturelles.[141]

Ricord fut bientôt admis à la faculté de Médecine de l'Académie du Val-de-Grâce et devint un médecin renommé et un spécialiste des maladies vénériennes. Ricord resta tout au long de sa vie reconnaissant envers Hyde de Neuville de lui avoir permis de faire sa scolarité à l'École économique. En témoigne l'extrait suivant tiré de la biographie de Ricord dans les bulletins de la Société de Chirurgie de Paris :

> Ricord n'oublia jamais l'importance du service que lui avait rendu en cette circonstance son éminent protecteur. Bien des années plus tard, arrivé à la haute situation qu'il occupait à Paris, il recevait, dans son bel hôtel de la rue de Tournon, la

visite du baron Hyde de Neuville. « Que de magnificences ! mon cher ami, s'écria celui-ci, je me perds dans votre palais.– Comment cela se fait-il, répondit Ricord, c'est vous qui l'avez bâti. »[142]

Cependant, en dehors de cas comme celui de Ricord et même si le cursus aussi bien que les méthodes d'enseignement étaient proches du modèle français, la plupart, semble-t-il, des élèves de l'école s'intégraient très facilement dans la vie américaine. Ainsi que le résume Barrett, « de parents français, certes, mais Américains d'abord et leurs noms figurent aujourd'hui parmi les plus importants marchands [de la ville de New York] ».[143] La biographe d'Hyde de Neuville conclut elle aussi que la plupart des élèves ne sont pas rentrés en France, qu'ils ont épousé des Américains et se sont installés définitivement aux États-Unis.[144] Barrett et elle citent en exemple le cas de Jane Hostin, la fille de James Hostin, qui avait fui Saint Domingue et s'était établi à New York comme marchand de vin. Selon Barrett, la taverne de Hostin était un lieu où se retrouvaient les émigrés restés aux États-Unis soit par choix, soit par la force du destin : « Les Français d'un certain âge y trouvaient le réconfort. Monsieur Hostin faisait partie de ces infortunés qui avaient été chassés de Saint Domingue ... Il avait tout perdu et, comme tant d'autres qui avaient fui cette île, il avait dû partir de rien et tout réinventer à New York. »[145] Comme tant d'autres, Jane et James Hostin ne sont jamais rentrés en France ; cependant, que la jeune fille ait fait sa scolarité à L'École économique montre que la famille était attachée à la langue française et à sa culture.

À tout ceci s'ajoute que, dans les circonstances très particulières de ce début du XIXe siècle, l'école bénéficia de l'enthousiasme des éducateurs américains pour le système d'enseignement mutuel de Lancaster, qui avait un succès grandissant à l'époque. L'École économique devint un des exemples de la propagation internationale des idées de Joseph Lancaster sur l'instruction des masses (son ouvrage, *Improvements in Education*, fut traduit en français en 1813). L'article VI du *Règlement* de l'École économique stipule très précisément que l'enseignement « y sera conduit selon la méthode de Lancaster ».

De plus, parmi les statuts de l'école adoptés par le conseil d'administration en avril 1810, figurent certaines innovations pédagogiques remarquables. L'Article I préfigure même la politique de non-discrimination de notre époque :

> Les buts de la Société sont de promouvoir l'éducation, de la rendre économique et d'instruire les enfants de Français émigrés et d'autres étrangers. L'École accueillera des enfants des deux sexes, sans préjudice de leur nationalité, de leur religion ou de leur fortune.

Comme beaucoup d'autres établissements à but caritatif, l'École économique se donnait aussi pour mission d'enseigner la morale et la religion dans l'espoir d'arriver ainsi à éradiquer la pauvreté. En même temps, la neutralité en matière de religion était inscrite dans l'Article V, peut-être en écho des débats qui avaient lieu à l'époque en France autour de l'éducation religieuse (débats qui ne trouveraient d'issue que lorsque les Lois Jules Ferry créeraient un système d'éducation publique laïque) :

> Le but de l'institution étant d'enseigner la morale et la religion en général, sans ingérence quant aux principes de la foi que les parents désirent inculquer à leurs enfants, il est décrété qu'aucun livre ne sera utilisé pour l'instruction des élèves s'il n'a d'abord été soumis à l'inspection de deux personnes nommées par les administrateurs pour cette tâche, dont l'une sera catholique et l'autre protestante.

Il semble donc que l'École économique ait été tout à fait progressiste pour son époque et qu'elle se soit efforcée de donner aux pauvres une éducation morale d'ordre général plutôt que d'essayer de les convertir à telle ou telle religion. C'est ce qui la distingue de toutes les autres écoles privées de l'époque à New York. Certaines, comme Trinity School, créée en 1809 et qui continue de prospérer aujourd'hui, avaient été établies par la Société de l'Église anglicane pour la propagation de l'Évangile dans les territoires étrangers (Society for the Propagation of the Gospel in Foreign Parts) qui finançait des établissements scolaires à but caritatif dans tout l'empire britannique.

Les finances de l'École économique

L'école était financée par des frais de scolarité modestes (son nom, « École économique » signifiait bien qu'elle se voulait accessible à toutes les bourses) ainsi que grâce à des fonds que lui allouaient la ville et l'état. Un rapport du bureau du Contrôleur des Finances de l'état de New York évalue les sommes versées à l'école à $1000 pour l'année 1810, puis à $500 chaque année jusqu'en 1825, lorsque l'école ferma ses portes.[146] Vu que l'échelle mobile des frais de scolarité allait de deux shillings à trois dollars vingt-cinq, la part de l'état représente une contribution annuelle très importante, équivalente aux frais de scolarité annuels d'environ cinquante élèves.

L'École économique était aussi et dans une large mesure soutenue par des dons. Gloria Deák rapporte que le premier bâtiment qui abrita l'école avait été financé en partie par la ville et en partie par des dons privés : « Tout en adressant leur requête au Conseil municipal de la ville, ils avaient réussi de leur côté à lever des sommes privées tout aussi importantes. »[147] Ceci est confirmé par le *Règlement* de l'École économique qui indique que les membres du conseil d'administration sollicitaient des dons pour financer la construction d'un nouveau bâtiment pour l'école. Au soutien financier apporté par les nombreux patrons fortunés membres du conseil de l'école s'ajoutèrent des levées de fonds ouvertes au public organisées pour trouver les sommes encore nécessaires à la mise en route de l'école. Dans ses mémoires, Hyde de Neuville raconte que l'on donna bals et concerts pour lever des fonds et qu'un public nombreux, issu de la haute société new-yorkaise, s'y pressa.[148] Ceux dont la contribution atteignait une certaine somme étaient admis à devenir membres de la Société de l'École économique. A cet effet, un des articles du *Règlement* prévoyait que :

> Toute personne qui souscrit et contribue dix dollars au soutien de la société susdite deviendra en vertu de sa contribution un membre de la société. De plus, les personnes qui auront contribué cinquante dollars à l'École économique se verront octroyer le droit d'y faire, de leur vivant, instruire gratuitement un de leurs enfants.[149]

Enfin, l'école tirait une dernière source de revenus de sa maison d'édition. De janvier à décembre 1810, l'école publia un magazine mensuel, le *Journal des dames*, pour lever des fonds tout en offrant un débouché vers l'extérieur aux élèves et au fondateur de l'école. Une note de l'éditeur en dernière page du premier numéro indique que « Votre abonnement soutiendra cette institution [l'École économique] si utile » et annonce que « l'abonnement à l'année est de quatre dollars. » La revue était distribuée assez largement ; les textes envoyés aux éditeurs venaient de New York, de Baltimore, de Boston, de Philadelphie et de Charleston. Ainsi que le dit Watel, le Journal et plus généralement l'imprimerie de l'École économique était opérée par les élèves et pour eux. [150]

Le *Journal des dames* ne servait pas que des buts charitables ou culturels. Il est presque certain qu'il était aussi conçu comme un outil pédagogique pour les élèves ; c'est ce qu'annonce la note de l'éditeur qui paraissait en tête de chaque numéro : « Notre journal est principalement destiné à former le goût de la jeunesse. » [151]

Le *Journal des dames* donne aussi une idée de la manière dont Hyde de Neuville, et l'école elle-même, abordaient l'emploi de l'anglais ou du français. Sans être entièrement bilingue, le magazine comprenait des sections écrites en anglais. L'un des récits qui y est publié était même accompagné d'une traduction en vis-à-vis ; son titre en français, « Cela sera, cela doit être » étant suivi de sa traduction en anglais, « It Shall, it Must Be So ».[152] Selon Watel, la raison en est sans doute que ce récit devait être lu et étudié en classe à l'École économique, puisqu'il y avait des élèves français aussi bien qu'américains et que l'établissement était bilingue.[153] Une note en bas de page est très intéressante à cet égard qui explique le mot « onc » : Watel y voit la preuve de la valeur pédagogique du récit puisque la note aurait été inutile si le texte n'avait pas été destiné à des enfants.[154] Les lecteurs étaient sans doute eux-mêmes bilingues, comme en témoignent les petites annonces en anglais ainsi que les lettres de lecteurs désireux d'apprendre la langue française.

Points de vue sur l'École économique

Selon les rapports de l'époque, l'entreprise pédagogique de l'École économique fut une réussite. Barrett, dans une courte description de l'institution, écrit que « les meilleurs professeurs de l'Union étaient employés » dans ce qu'il nomme « la célèbre École économique ».[155] Plus remarquable encore fut « le rapport extrêmement élogieux sur la méthode d'enseignement de l'école française » que rendit une commission spéciale réunie par le Conseil municipal de la ville de New York. [156] Le Conseil municipal, lorsqu'il prit la décision d'enregistrer l'école en 1810, lui attribua deux parcelles et publia le rapport suivant sur l'établissement :

> Ayant examiné le mode d'instruction de la susdite école et
> constaté les progrès accomplis par les élèves, sommes de
> l'avis   que l'établissement est admirablement conçu pour
> être d'une très grande utilité ; de plus, du fait qu'on y
> enseigne une langue étrangère aussi bien que celle de notre
> pays, il doit être d'un grand bénéfice non seulement aux
> enfants des émigrants [sic] mais aussi à ceux de nos propres
> citoyens. Le caractère respectable des membres du conseil
> d'administration et l'infatigable action charitable de
> Monsieur Neufville [sic] son principal promoteur nous font
> croire en toute confiance que toute subvention accordée par
> notre commission sera bien employée et ira promouvoir au
> mieux les désirs et les projets des amis de la littérature.[157]

Le Conseil municipal exprimait ainsi son approbation non
seulement à l'école mais aussi au principe même qu'enseigner une
langue étrangère en plus de l'anglais était d'un intérêt général pour
tous les élèves de la ville de New York. Deux siècles plus tard,
des idées semblables présideraient à la création de
nouveaux programmes destinés aux immigrants francophones,
ainsi que nous le verrons dans les chapitres à venir.

L'École économique et les origines de l'enseignement public à New York

L'École économique, en tant que membre de la Free School Society
de New York, joua un rôle dans les débuts du mouvement pour
l'instruction publique dans la ville de New York, en particulier parce
qu'elle offrait une éducation « économique » dans un cadre non
confessionnel. Les statuts de la Free School Society, dont Dewitt
Clinton était président fondateur et à laquelle l'École économique
appartint dès sa création en 1810, stipulaient que sa mission était
« d'étendre l'accès à l'instruction aux enfants pauvres qui ne font pas
partie ou qui ne sont pas pris en charge par une institution
religieuse ». [158] Ainsi que l'explique William Oland Bourne, le
premier historien de la New York Public School Society, la Free
School Society fut le premier organisme de ce genre à New York à
prendre en charge la mission de « fournir une instruction publique
aux masses populaires ».[159] La Free School Society et les écoles qui
en faisaient partie représentent donc une des premières tentatives
pour fournir une instruction publique non confessionnelle aux
enfants de la ville de New York ; ces efforts sont presque

contemporains de ceux qui avaient lieu en France avec les décrets sur l'enseignement impulsés par François Guizot, le ministre de l'Instruction publique.[160]

L'instruction publique, cependant, avait progressé en France bien plus rapidement, surtout sous Napoléon, que dans l'ensemble des États-Unis, la Constitution américaine ayant laissé tout ce qui concernait l'éducation aux mains des états, sans prise en charge du gouvernement fédéral. Il est donc significatif que, dans l'état de New York, l'École économique, un établissement français, ait fait partie de la naissance de l'instruction publique ; l'idée, portée par l'École économique et la New York Free School Society, de promouvoir un enseignement non confessionnel semblerait faire écho à la place importante accordée à la laïcité dans le développement d'un système scolaire public en France. Mais de fait, les écoles de la Free School Society ne se concevaient pas du tout comme des institutions laïques. Au contraire, la mission explicite de la Société était d'inculquer la morale : « Notre objectif primordial sera, sans nous attacher aux préceptes particuliers d'aucune société religieuse, d'inculquer les vérités sublimes de la religion et de la morale qui se trouvent dans les Saintes Écritures. »[161] Il n'en demeure pas moins que le fait que ces écoles n'aient été liées à aucun organisme religieux ou église est très significatif et constitue le premier pas vers la création d'un système public d'éducation dans la ville de New York.

Un autre aspect du rôle que joua l'École économique dans l'élaboration d'un système public à New York fut qu'elle avait adopté le modèle pédagogique de Lancaster. Comme nous l'avons signalé plus haut, le système de Lancaster avait été inscrit dans le *Règlement* de l'école et on peut considérer que ce système est à bien des égards au cœur de sa philosophie de l'enseignement. Le système de Lancaster, qui commença à se propager dès 1803, après que John Lancaster, un maître d'école, eut publié son opuscule intitulé *Improvements in Education*, était basé sur la méthode de tutorat mutuel élaborée à la fin du XVIIIe siècle par Robert Raikes et Andrew Bell, des Quakers : les élèves plus âgés ou plus avancés enseignaient aux plus jeunes ou aux plus faibles. Cette méthode pourrait même être considérée comme une des premières tentatives de mondialisation de l'enseignement dans le sens où, par le biais de sociétés lancastriennes, elle a contribué à la création d'écoles non confessionnelles en France et en Angleterre.

D'après John F. Reigart, spécialiste de l'histoire du système de Lancaster dans les écoles de la ville de New York, le plan Lancaster fut « une des méthodes les plus populaires pour l'enseignement primaire pendant toute la première moitié du XIXe siècle ». [162] Effectivement, la méthode de Lancaster forma alors la base du système d'éducation en Angleterre, mais il fut aussi adopté dans le système national en Irlande, en Ecosse et dans les colonies britanniques de l'Inde, du Canada, de l'Afrique du sud et dans les Antilles. [163] L'implantation de la méthode de Lancaster dans le monde anglophone ne s'est pas faite de manière centralisée ; elle n'a pas fait partie d'un projet de standardisation de l'enseignement. Pourtant, elle n'a pas été très différente de la manière dont la Mission laïque française a implanté des écoles françaises dans les colonies à travers le monde tout au long du XIXe siècle. En effet, les membres du conseil d'administration de la Free School Society faisaient souvent appel aux écoles plus solidement établies en Angleterre pour les guider dans leur tâche aux États-Unis. En 1818, par exemple, « Ils firent venir un professeur de l'école mère de Londres, Charles Picton ; en 1820, ils publièrent un manuel basé sur celui de la British and Foreign School Society de 1816 ; en 1818, ils accueillirent l'auteur du système lui-même, Joseph Lancaster. » [164] Les ressemblances avec la MLF sont frappantes, surtout le fait de nommer des professeurs et de faire venir des manuels de l'étranger, quoique, il faut le souligner encore, la manière dont le système de Lancaster s'est disséminé dans le monde est loin d'avoir été aussi systématique que l'a été le travail d'implantation mené par la MLF.

L'un des plus gros avantages du système de Lancaster était qu'il était peu coûteux. En confiant des tâches comme la discipline et l'enseignement à des élèves, on pouvait éviter de payer des adultes pour remplir ces fonctions ; le matériel pédagogique, comme par exemple le fait d'utiliser des ardoises pour écrire plutôt que la plume et le papier, de distribuer des feuillets de lecture plutôt que des livres, était conçu pour réduire le coût de l'instruction : « Le même désir d'économiser, qui avait présidé d'abord à l'emploi de moniteurs, dicta aussi les changements apportés aux méthodes d'enseignement. » [165] Pour l'École économique et pour toutes les écoles de la Free School

Society, le système de Lancaster était de toute évidence la solution qui s'imposait. John Reigart considère même que l'adoption de ce système a constitué une étape importante de la création d'un système public d'éducation dans la ville de New York, ne serait-ce que parce qu'il a permis d'augmenter de façon exponentielle le nombre d'enfants ayant accès à une éducation peu coûteuse : « On avait là un système prêt à l'usage, remarquablement peu coûteux, qui permettait de fournir une éducation aux milliers d'enfants laissés pour compte; et ce système, malgré tous ses défauts, se révélait supérieur en termes de méthode et de discipline à ceux des écoles qui existaient alors. » [166] Ainsi, en adoptant le système de Lancaster, l'École économique participait au mouvement beaucoup plus large de réforme de l'éducation, avec le but exprès d'ouvrir l'accès à l'instruction aux pauvres de la ville.

En 1825, 15 ans après sa fondation, L'École économique était dissoute et incorporée à la Public School Society, confirmant par là sa place dans l'histoire de l'enseignement public à New York : « Pour l'École économique, cette alliance avec la Public School Society était toute naturelle, puisque Clinton était à sa tête et que sa mission était identique à la sienne. » [167]

Il faut enfin souligner le rôle décisif que joua Dewitt Clinton, le gouverneur de l'état de New York, dans la réussite de l'École économique et encore plus dans l'histoire des débuts de l'instruction publique à New York. Son activisme politique et ses idées sur l'éducation eurent une influence majeure sur la philosophie de l'enseignement de l'École économique et ce fut lui qui posa les jalons du développement du système de scolarité publique à New York. Clinton considérait l'instruction comme fondamentalement démocratique. Ainsi que l'explique Edward Fitzpatrick dans son étude sur Clinton et sa vision de l'éducation, pour le gouverneur, l'instruction était « le fondement absolument indispensable de la démocratie ». [168] Nombreux sont les discours prononcés par Clinton au Sénat ou les textes qu'il a composés qui corroborent cette image du gouverneur. Par exemple, Clinton, s'adressant aux législateurs de l'état de New York en 1825, déclarait : « C'est sur l'éducation que nous devons nous appuyer pour assurer la pureté de notre gouvernement républicain, pour le préserver et le perpétuer. » [169] Fitzpatrick montre ensuite à quel point l'introduction du système de

Lancaster fut un élément important de la mise en œuvre de cette vision, comme le fut aussi le projet d'étendre les bienfaits de l'instruction aux groupes les plus désavantagés de la population new-yorkaise (dont le projet de l'École économique et sa mission d'éduquer les réfugiés de Saint Domingue). [170]

En conclusion, on peut affirmer que l'École économique, alors même qu'elle avait été fondée par un Français royaliste, qu'elle enseignait le français et s'adressait principalement à une population francophone, a joué un rôle important dans l'histoire des débuts de l'enseignement dans la ville de New York. Un ensemble de facteurs, la mission de l'école d'instruire les enfants des réfugiés, de le faire à peu de frais et sans faire de différence entre les confessions auxquelles pouvaient appartenir les familles, la mise en œuvre du système de Lancaster et enfin le soutien apporté à l'entreprise per Dewitt Clinton, font de l'histoire de l'École économique une excellente étude de cas des institutions qui ont donné naissance au système d'enseignement public à New York et permis son développement.

L'enseignement français à New York de 1825 à 1934

Après la fermeture de l'École économique en 1825, plusieurs autres écoles se sont ouvertes à New York, dont l'École et Pensionnat français protestant de Mademoiselle Charbonnier (Mademoiselle Charbonnier's French Protestant Boarding and Day School) à la 36e rue Est et le Pensionnat français, anglais, et allemand de Mademoiselle Rostan (Mademoiselle Rostan's French, English, and German Boarding and Day School) à la 41e rue Est. [171] Ces écoles semblent avoir eu pour seul but d'enseigner et de faire pratiquer la langue française ; elles semblent n'avoir eu aucun lien avec le cursus ni avec le gouvernement français. L'Institut Tisné pour jeunes filles (Institute Tisné School for Girls) à Riverside Drive à Manhattan, attira lui aussi, de 1894 à 1933, une clientèle de familles aisées pour qui une éducation française avait une valeur de prestige. Les cours s'y donnaient en français et en anglais comme on le voit sur les bulletins de notes des élèves où étaient reportés dans deux colonnes, d'un côté les notes des matières françaises, de l'autre les matières anglaises. [172] Cependant, contrairement aux écoles de Mademoiselle Charbonnier et de Mademoiselle Rostan, l'Institut Tisné était approuvé par le ministre français de l'Éducation nationale et par l'Alliance française, préfigurant le processus beaucoup plus systématique d'accréditation du réseau d'écoles françaises à l'étranger en vigueur de nos jours.[173] Henryette Tisné, fondatrice et directrice de l'école était un membre actif de l'Alliance française et avait été nommée déléguée de la ville de New York à l'assemblée générale de la Fédération des Alliances françaises des États-Unis et du Canada en avril 1923.[174] Après sa mort, l'Institut, dirigé par son fils Walter ne resta ouvert que peu de temps ; il ferma définitivement ses portes en 1933. Il y eut aussi à cette époque un certain nombre de jardins d'enfants créés par des enseignants français, dont l'un à la 95e rue Est, à quelques pas du bâtiment qui accueillerait plus tard le Lycée Français. Cependant, à partir de 1934, il n'y eut plus aucune école française dans la ville de New York où les enfants de diplomates ou d'autres expatriés ou encore d'Américains francophiles, aient pu envoyer leurs enfants.

CHAPITRE V

L'enseignement français à New York après 1934 et le Lycée Français

D ans les années trente, il y avait déjà un grand nombre d'écoles françaises à travers le monde : ces écoles suivaient le cursus français et étaient considérées comme des « lycées français ». Parmi ces écoles, certaines enseignaient le cursus français complet et étaient liées d'une manière ou d'une autre au système éducatif national français et placées en général sous la surveillance des antennes du ministère des Affaires étrangères : telles étaient les écoles de Berlin, de Madrid, de Londres ainsi que le réseau des écoles coloniales gérées par l'Eglise ou par la Mission laïque française. Ces écoles servaient souvent des élites locales, mais elles existaient d'abord pour servir les enfants des diplomates français ou d'autres familles françaises. Aux États-Unis et à New York à la même époque, cependant, aucune école de ce type n'existait alors même que, selon les estimations, la population française de l'état de New York s'élevait à plus de 32 000 personnes.[175] C'est dans ce contexte que Charles Ferry de Fontnouvelle, consul général de France à New York, lança auprès de l'ambassadeur de France aux États-Unis et d'un certain nombre de personnalités américaines, l'idée de créer une école française. Leurs discussions aboutiraient en 1935 à la création du Lycée Français de New York (LFNY), l'école où j'ai moi-même eu le bonheur de travailler pendant de longues années, de 1973 à 2003.

La Création du Lycée Français de New York et ses débuts

Selon Alain Dubosclard, spécialiste de la diplomatie culturelle de la France au XXe siècle, l'idée de créer le LFNY apparait pour la première fois dans une lettre que Charles de Fontnouvelle adressa au *Service des œuvres françaises à l'étranger*, une antenne du ministère des Affaires étrangères chargée des activités culturelles de la France à l'étranger.[176] Dans sa lettre, le consul donne trois raisons de créer un lycée à New York. D'abord, écrit de Fontnouvelle, il y a l'exemple des lycées français d'autres grandes villes mondiales avec une forte présence française, ceux de Londres, de Madrid et de Berlin. Ensuite, raisonne-t-il, la démographie de la population française expatriée était en train de changer : leur statut dans la société avait généralement augmenté, ce qui signifiait qu'un grand nombre d'enfants français voulaient poursuivre leurs études jusqu'au lycée ; or, l'absence de lycée français forçait ces enfants à choisir le système scolaire américain, ce qui, selon Fontnouvelle, leur ferait perdre à jamais leurs liens avec la France. Enfin, il y avait l'intérêt grandissant de la part des Américains pour la langue française et la culture française, ce qui, selon lui, permettrait au lycée d'attirer un certain nombre d'élèves américains qui, on pouvait l'espérer, auraient, grâce à leurs études, acquis une affinité pour la France. [177]

Les circonstances qui présidèrent à la naissance du LFNY furent en partie propices mais ne laissaient présager qu'un avenir incertain. Parmi les facteurs positifs, la langue française, sa culture et son système éducatif jouissaient d'un prestige considérable aux États-Unis, le français ayant largement remplacé l'allemand dans l'apprentissage des langues étrangères à la suite de la Première Guerre mondiale. De plus, ainsi que Whitney Walton le fait remarquer dans son étude sur l'internationalisme, l'identité nationale et les programmes d'études à l'étranger en France et aux États-Unis, à la fin de la Première Guerre mondiale, la France avait assez largement détrôné l'Allemagne comme destination de choix où compléter ses études universitaires pour les étudiants américains. En France, le ministère des Affaires étrangères s'inquiétait du déclin du français aux États-Unis, à la fois comme langue d'usage et dans les programmes d'apprentissage des langues étrangères. Aux États-Unis et particulièrement à New York, la langue française et sa culture jouissaient toujours d'un prestige certain, mais les Américains d'origine française de Louisiane et de Nouvelle Angleterre avaient le plus grand mal à conserver leur langue. La réputation grandissante du système éducatif français dans les milieux universitaires fit que certains éducateurs influents, dont le professeur Griswold, président de l'université de Yale, accordaient automatiquement deux années de crédits universitaires aux élèves venant de France qui avaient passé les examens ardus de fin de scolarité et obtenu le diplôme du Baccalauréat français, si bien que ces élèves étaient admis directement en troisième année à l'université.[178]

D'un autre côté, il existait aux États-Unis un sentiment de méfiance généralisé contre toutes les institutions étrangères, et à New York, les tentatives de l'Allemagne et de l'Italie pour ouvrir des écoles avaient rencontré une opposition très forte. Les Français étaient tout à fait conscients que leurs efforts de diplomatie culturelle pouvaient être interprétés comme pure propagande. De plus, même parmi les Américains favorables à la France, l'avènement d'un gouvernement de gauche, le Front Populaire faisait peur et on craignait que des socialistes ou des communistes ne se retrouvent à la tête d'un organisme officiel français.

Dès sa création, le LFNY a été différent des autres lycées français à l'étranger : il fut enregistré en tant qu'organisme privé *américain*. Selon Pierre Brodin, qui fut le premier directeur des études du LFNY, « Il fut décidé dès le départ que le futur lycée serait un organisme américain, dont les statuts et la gouvernance seraient sujets à la loi américaine et qui serait géré par un conseil d'administration composé en majorité de membres américains. » [179] De même, Dubosclard explique que Fontnouvelle savait très bien que le Lycée ne pouvait exister que comme école privée américaine, sans ingérence de la France ni sous le contrôle direct de l'état de New York, même si l'établissement était obligé de se soumettre à la juridiction américaine et de se conformer aux normes de l'éducation américaine ainsi qu'au cursus national français. Ce statut particulier donnerait à l'école une certaine indépendance par rapport au gouvernement français, ce qui lui permettrait de mettre en œuvre son propre curriculum, tout en s'adaptant si nécessaire aux instructions très détaillées que le ministère de l'Éducation nationale faisait régulièrement parvenir par le biais de son *Bulletin officiel*; enfin, en tant qu'école privée, le Lycée serait libre de lever des fonds auprès de personnes privées, ce qui, en France aujourd'hui encore est vu d'un assez mauvais œil. [180]

Les amis du Lycée ont toujours pris soin de se distancer de l'idée que le Lycée pouvait être une branche du gouvernement français ou un quelconque instrument pour la promotion des intérêts français aux États-Unis. Stephen Duggan, le directeur de l'Institute of International Education et l'un des premiers membres du conseil d'administration de l'école, déclara que, « En ces jours de propagande agaçante, il existe peu d'entreprises aussi satisfaisantes pour un

Américain intelligent que celle que le Lycée Français de New York est en train de mettre sur pied. »[181] Duggan soulignait bien que le seul but du Lycée était de fournir « une éducation solide » ; mais, comme le montrent les mots qui suivent, il pensait aussi avec optimisme à l'effet que les échanges entre jeunes Français et jeunes Américains pourraient avoir sur l'avenir des relations franco-américaines :

> [Le Lycée] offre l'opportunité d'être éduqué dans deux civilisations qui ont beaucoup de choses en commun. Un jeune Américain ne pourra éviter d'apprendre à goûter le raffinement de la culture française. Et de même, le jeune homme ou la jeune fille française verront grandir en eux des sentiments de respect et d'admiration envers tout ce qu'il y a de meilleur dans la civilisation américaine. Ni les uns ni les autres ne sacrifieraient pour cela l'amour de leur pays.[182]

Ainsi, dès ses débuts, le Lycée s'est donné une perspective internationale fondée sur l'importance accordée à la coexistence des cultures françaises et américaines dans ses murs. Les mots que prononçait Duggan ouvraient la voie à des échanges culturels et même à la possibilité de créer, parmi les élèves américains de l'école, une affinité pour la langue et la culture françaises, alors même que les fondateurs du Lycée doutaient que l'école réussisse à attirer une clientèle américaine. Frank Pierrepont Graves, recteur des universités de l'état de New York et un des premiers soutiens du LFNY, allait dans le même sens lorsqu'il compara le Lycée à l'Université de l'État de New York, fondée deux cents ans auparavant et qui s'était inspirée du modèle français : ainsi, le Lycée et l'Université de l'État étaient comme « mère et fille » puisqu'elles partageaient le même but et une même histoire.[183]

Pour ce qui concernait l'organisation de l'école, Fontnouvelle établit deux comités qui formeraient la base de l'organe de gouvernance du Lycée. L'un d'eux était composé principalement d'enseignants universitaires dont la plupart étaient d'origine française et avaient fait leurs études en France ; parmi eux, il y avait des représentants de Hunter College, de Barnard College, de l'université de Columbia, de Harvard et de City College. Le deuxième comité était composé d'hommes d'affaires américains, d'avocats et d'enseignants, dont des présidents d'universités, et le recteur adjoint des écoles de la ville de New York. Parmi les membres du conseil d'administration, il faut citer des personnalités telles que Forsyth Wickes, un avocat membre du conseil d'administration de la Shell Oil Company; Frank Pierrepont Graves, le recteur des universités de l'état de New York ; Jacob Greenberg, le recteur adjoint des écoles de la ville de New York ; Nicholas Murray Butler, le président de Columbia University.[184] La stratégie poursuivie par les fondateurs de recruter des personnalités influentes issues à la fois des États-Unis et de la France comme membres du conseil d'administration de l'école ressemble tout à fait à celle qu'Hyde de Neuville avait adoptée pour faciliter la création de l'École économique plus de cent ans auparavant.[185]

Au printemps et en été 1935, Fontnouvelle et les membres des deux comités recrutèrent un premier noyau d'enseignants ; l'un d'entre eux, Pierre Brodin, fut directeur des études tout au long de sa carrière de plus de quarante et un ans. Tous ces enseignants des débuts acceptèrent, semble-t-il, de modestes salaires (certains étaient même volontaires) pendant la première année. Parmi eux, quatre avaient été *détachés*, c'est-à-dire envoyés par le ministère français de l'Éducation nationale pour enseigner pendant une période de temps délimitée.[186]

Le Lycée ouvrit ses portes officiellement en octobre 1935 avec trois salles de classe que l'Institut français, au 22 Est 60e rue, lui avait prêtées et qu'il louerait plus tard.[187] Le conseil d'administration de l'Université de l'État de New York lui accorda une charte. Il comptait vingt-quatre élèves en CE1, CM1 et sixième. La plupart étaient d'origine française, comme les trois enfants de Fontnouvelle. Le cursus était celui du programme officiel français auquel était ajouté l'anglais obligatoire pour tous les élèves et le latin obligatoire en classe de sixième. Il est remarquable que le Lycée ait pu proposer un cursus français, enseigné en français et, de fait, le LFNY fut la première école autorisée à enseigner un cursus presque à cent pour cent étranger à New York.

En 1937, l'acquisition d'une belle demeure à la 95e rue Est marqua une étape clé pour l'école. Le bâtiment, acheté pour la somme relativement modeste de 135 000 dollars servirait à garantir l'avenir de l'école.[188] Selon Dubosclard, le Lycée bénéficia d'un soutien financier important de la part du gouvernement français dans ses premières années, surtout pour aider au financement de l'achat du bâtiment. Pendant les deux premières années de son existence, le *Service des Œuvres* assura les salaires de deux professeurs détachés par le ministère de l'Éducation nationale, et contribua au paiement de la dette que l'école avait encourue pour l'achat des nouveaux bâtiments. En 1942, le Consulat de France s'engagea à payer une somme annuelle de 12 000 dollars au tout nouveau Lycée.[189] Dubosclard calcule que cette somme représentait 20% du budget opérationnel de l'école. 48 000 dollars supplémentaires étaient réservés au paiement de la dette ; ils s'ajoutaient au soutien apporté par le *Service des Œuvres* mentionné plus haut. Enfin, à partir des années 1938-1939, le ministère de l'Éducation nationale accorda au Lycée une somme annuelle de 75 000 francs destinée à fournir des bourses d'études aux élèves qui n'auraient pas les moyens de payer les frais de scolarité de l'école ; selon Dubosclard, ces élèves constituaient à peu près un tiers de l'ensemble de la clientèle du Lycée, soit quarante élèves environ.[190] Le restant du budget de l'école provenait de la collecte des dons prodigués par la communauté française expatriée de New York.[191]

Ce que Fontnouvelle avait envisagé était vraiment nouveau. En effet, l'idée d'un enseignement bilingue et biculturel était relativement inédite aux États-Unis à cette époque. Il y avait eu beaucoup d'écoles bilingues aux États-Unis surtout des écoles allemandes, mais il était très rare qu'elles incorporent des éléments d'un cursus étranger. Dans les états du centre, dans le Midwest surtout, des milliers d'élèves apprenaient l'allemand grâce à des cours particuliers, ou dans des écoles confessionnelles ou même publiques. Cependant, malgré l'intérêt certain que les immigrés germanophones pouvaient porter au rigoureux système d'éducation prussien, ces écoles, avaient fait le choix d'enseigner la langue allemande, certes, mais au service du cursus américain. De plus, les écoles allemandes avaient dans l'ensemble disparu après que les États-Unis étaient entrés en guerre contre l'Allemagne lors de la Première Guerre mondiale.[192] Le Lycée serait donc très différent de ces écoles puisqu'il avait adopté la réglementation américaine en matière de financement et de gouvernance, mais qu'il assurait une éducation, non seulement dans la langue française mais surtout selon le cursus national français et qu'il promouvait par conséquent les valeurs « universelles » qui étaient les siennes. Un article du *New York Times* de juin 1936 (un an après la fondation de l'école) décrit le Lycée comme une école « expérimentale » et en loue le succès".[193]

Même si le LFNY était accrédité par le ministère français de l'Éducation nationale, son cursus différait sur plusieurs points du cursus ordinaire d'un lycée en France. Depuis le tout début, le cursus mêlait des activités françaises et américaines, faisant de l'école un établissement véritablement bilingue et biculturel, même si le français restait la langue d'enseignement primordiale. En 1936, le président de l'Institute of International Education, Stephen Duggan, un pionnier de l'éducation internationale, décrivait en ces mots le cursus du Lycée :

> Le Lycée Français de New York [...] a dans son curriculum des éléments supplémentaires qu'on ne trouve pas dans les lycées en France. On accorde une importance particulière à l'entrainement physique, à la musique et aux activités extracurriculaires. L'anglais, les littératures américaines et anglaises, ainsi que l'histoire et l'instruction civique américaines ont une place importante. On n'oublie pas l'importance du théâtre et de la danse, comme on le fait dans les lycées en France. On fait des visites dans des musées. [194]
> Selon M. Duggan, les parents et les visiteurs furent enthousiasmés par les résultats, ce qui montrait que c'était « une expérience judicieuse » et que le Lycée avait parfaitement réussi à promouvoir « une éducation mêlant deux civilisations ». [195]

Au cours des années qui suivirent, on ajouta des classes supplémentaires et, en 1939, l'état de New York accorda à l'école une charte permanente, ce qui lui permit d'offrir le même cursus que tous les lycées classiques en France. Paul Hazard, professeur au Collège de France et inspecteur délégué par le ministère de l'Éducation nationale, vint au Lycée en 1942 et rédigea ensuite le rapport suivant : « J'ai inspecté les classes, interrogé les élèves, reçu les professeurs : l'impression d'ensemble est excellente. L'enseignement est donné avec méthode et avec autorité par des maîtres dévoués ; le niveau des études est à la hauteur de nos lycées de France. » [196]

En 1940, le premier groupe de candidats se présenta au Baccalauréat français.[197] À cause de la guerre en Europe, le nombre d'élèves dans la classe d'examen dépassa les prévisions ; il y avait plusieurs élèves réfugiés de France qui espéraient pouvoir, malgré la situation, compléter leurs études à New York. Parmi les examinateurs, certains étaient des professeurs français que des universités américaines avaient accueillis lorsqu'ils avaient fui l'Europe sous occupation allemande, d'autres des professeurs de plusieurs départements de Columbia University, Princeton University et du Rockefeller Institute of Medical Research.[198]

La Seconde Guerre mondiale

La première crise majeure à laquelle l'école dut faire face eut lieu lorsque la France déclara la guerre à l'Allemagne en septembre 1939. Dès le début de la guerre en 1939, plusieurs professeurs rentrèrent en France pour s'engager dans l'armée française. Après le célèbre appel du 18 juin 1940 du Général de Gaulle dénonçant l'armistice avec l'Allemagne nazie et appelant « tous les Français qui veulent rester libres » à se rallier, un nombre important d'élèves en dernière année, garçons et filles, se joignirent aux Forces françaises libres ou aux armées anglaises, hollandaises ou norvégiennes. Huit anciens élèves de ces classes trouveraient la mort pendant la guerre et parmi eux, Charles de Fontnouvelle, le fils du fondateur de l'école.[199]

Au moment où la situation en Europe se détériorait, le Lycée apparaissait déjà comme un lieu important où tenter de maintenir la coopération franco-américaine. Après qu'Hitler eut annexé l'Autriche en mars 1938, le Président Roosevelt affirma l'intention des États-Unis de rester neutres, même en cas d' invasion de la Tchécoslovaquie. [200] En avril 1938, un mois tout juste après l'annexion de l'Autriche, Nicholas Murray Butler, président de Columbia University et le comte René Doynel de Saint-Quentin, ambassadeur de France auprès des États-Unis, firent ensemble un discours au Lycée Français de New York qui commémorait les liens d'ordre intellectuels entre la France et les États-Unis, signifiant par-là que les efforts continuaient pour renforcer l'entente franco-américaine alors que la situation diplomatique se dégradait en Europe. Le président Butler, dans son discours « retraça la longue histoire des relations franco-américaines et rappela les remarquables parallèles qui existaient dans la pensée et l'action révolutionnaire dans les colonies américaines et en France au XVIIIe siècle, mais aussi dans l'implantation d'un nouveau système d'éducation et enfin dans la formulation et la mise en pratique des principes de la démocratie. » [201] Ce qu'impliquait un tel sentiment au niveau politique, surtout dans le contexte du système des alliances entre pays et au moment de la montée du fascisme dans l'Europe d'avant-guerre est mis en évidence par les propos suivants : « Ces idées, de liberté, d'égalité et de fraternité, que nous honorons ici, en France et en Grande Bretagne, ne sont partagées aujourd'hui par aucune autre nation dans le monde. C'est une union d'ordre intellectuel et moral, et cette union contribue non seulement au bonheur mais aussi au progrès de l'humanité tout entière. »[202] Le rôle du Lycée comme lieu de coopération franco-américaine dans les années précédant l'entrée en guerre des États-Unis fut confirmé par l'Ambassadeur Saint-Quentin lorsqu'il qualifia le Lycée d'« atout de la nation »,[203] et qu'il souligna le rôle de l'école dans la diplomatie culturelle de la France de l'époque.

Cependant, la communauté des diplomates et des expatriés aux États-Unis était loin d'être unie quant à sa vision de l'avenir de la France. George Steiner, philosophe et critique littéraire ainsi qu'ancien élève du LFNY, a fait la chronique de ces années difficiles dans son autobiographie. Il écrit : « Dans ces années de guerre, le Lycée français était une véritable poudrière. »[204] La raison étant, d'après Steiner, les tensions qui existaient entre les communautés différentes que le Lycée servait alors. En effet, c'est à cette époque que des nombreux réfugiés qui fuyaient l'Europe occupée arrivèrent au Lycée ; il y avait parmi eux aussi bien des élèves désireux de poursuivre leurs études à New York grâce aux bourses importantes prodiguées par l'école aussi bien que des enseignants prêts à remplir les postes laissés vacants par ceux qui avaient rejoint les forces armées.[205] Selon Steiner, « Les fils et les filles des diplomates, des membres de la bureaucratie des colonies et du personnel militaire fidèles au régime de Vichy côtoyaient les enfants des exilés, des réfugiés juifs et des familles de diverses origines que le hasard avait poussé vers le Nouveau Monde. »[206] Stéphane Haimo, l'actuel président du conseil d'administration du Lycée confirme en ces mots la division qui existait au sein de l'école : « Pendant la guerre, il y avait deux camps opposés au lycée. Le camp des Gaullistes et le camp des Pétainistes. »[207] Quoiqu'on ne possède que peu de documents officiels de cette période, selon Steiner, « La ligne officielle [du Lycée, pendant ces années] était collaborationniste. »[208] Cependant, vers la fin de la guerre, le vent semblait avoir changé : « Il y eut un changement de cap abrupt, des plus cyniques. Je me souviens qu'un matin, la Croix de Lorraine, jusque-là strictement bannie, fit une apparition opportune sur le mur de la salle des assemblées. On entonna la Marseillaise que l'on chanta à tue-tête. »[209]

Pendant le régime de Vichy, la ville de New York elle-même devint un bastion d'intellectuels de la France Libre. L'une des conséquences de cet état de fait fut que les Services culturels de l'Ambassade de France aux États-Unis restèrent basés à New York plutôt qu'à Washington, où se trouvent tous les autres services de l'ambassade. Jean-Marie Guéhenno, conseiller culturel de l'Ambassade à New York de 1982 à 1983, explique ainsi la situation :

> Cela remonte à 1945. En fait, c'est vraiment une anomalie qui est liée à l'histoire des relations franco-américaines pendant la Deuxième Guerre mondiale. À cette époque, le gouvernement Pétain était reconnu par le gouvernement des États-Unis, de [1940] jusqu'aux opérations en Afrique du Nord. La plupart des Gaullistes étaient à New York, des intellectuels qui avaient fui la France. D'une certaine manière, Washington, en termes de culture, avait été pour Pétain. Lorsque le nouveau régime fut en place, le premier attaché culturel fut Claude Lévi-Strauss et il n'était pas question de l'envoyer à Washington.[210]

À cette époque, le Lycée avait accueilli un grand nombre de réfugiés venus de l'Europe occupée et beaucoup d'enseignants étaient des intellectuels et des professeurs d'université qui avaient fui la France lorsque le Maréchal Pétain était arrivé au pouvoir. Naomi Schor, ancienne élève du Lycée, devenue plus tard professeur de français à l'université de Yale a écrit sur ces années de guerre :

> Les années que j'ai passées au Lycée [...] sont les années qui m'ont le plus marquée de ma vie car c'est là que j'ai découvert ma vocation, l'étude de la littérature française. En tant que fille de réfugiés juifs polonais qui étaient arrivés aux États-Unis après un séjour trop bref en France, où mes parents avaient pensé s'installer, le Lycée a été pour moi comme le pays natal perdu, une sorte de citoyenneté de premier secours.[211]

Un article du *New York Times* daté du 10 mai 1942, citait Charles de Fontnouvelle qui exprimait l'espoir que les liens d'ordre politique et culturel qui unissaient la France et les États-Unis dans le passé survivraient aussi longtemps « que la vraie culture française » survivrait aux États-Unis, entretenue par des organismes comme le Lycée Français de New York : « Tant que survivra la vraie culture française, il y aura toujours un libre échange d'idées entre les peuples des deux nations. » [212]

En tout cas, nombre des élèves du Lycée étaient des enfants de réfugiés et d'intellectuels français opposés au régime de Vichy. Pierre Brodin, par exemple, qui fut directeur des études de l'école de 1935 à 1976, rejoignit un groupe d'intellectuels réfugiés pour fonder l'École libre des Hautes Études de New York en 1941, et y donna des cours pendant toute la période de l'occupation. Cet organisme était logé dans le même bâtiment que la New School for Social Research à New York et certains professeurs comme l'anthropologue et futur conseiller culturel Claude Lévi-Strauss et le linguiste Roman Jacobson enseignaient dans les deux établissements. Comme le Lycée, l'École libre des hautes études avait à la fois un public d'expatriés et d'Américains qui voulaient faire l'expérience de la culture française, et ce même après la guerre. Au bout de quelques années, les cours se réduisirent à quelques séries occasionnelles de conférences ; le professeur Brodin faisait des conférences et il fut aussi doyen puis enfin directeur de l'École libre. [213]

L'histoire du Lycée d'après-guerre fut elle aussi à l'image des relations franco-américaines et des évènements internationaux. La guerre avait amené un grand nombre de réfugiés à l'école, des professeurs et des élèves, et quoiqu'un certain nombre d'entre eux rentrèrent en France, beaucoup restèrent à New York. La façon dont le Lycée intégra une communauté en exil rappelle l'expérience de l'École économique avec les réfugiés de Saint-Domingue. [214]

Dans les années qui suivirent la guerre, l'arrivée d'autres Européens réfugiés et d'immigrants de pays francophones augmenta les effectifs de l'école. Ensuite, la création du programme d'échanges Fulbright en 1946 ouvrit la voie au recrutement d'enseignants venus de France qui pouvaient travailler aux États-Unis grâce à un visa spécial pour une période de trois ans maximum sans payer d'impôts ni au gouvernement fédéral, ni à l'état : ceci représentait une économie substantielle pour le Lycée qui pouvait offrir aux professeurs venant de France des salaires assez modestes.

L'implantation du secrétariat des Nations Unies à New York en 1950 eut pour conséquence d'augmenter encore le nombre de familles de diplomates, puis les progrès de la décolonisation ainsi que l'augmentation du nombre de pays membres des Nations Unies contribuèrent à diversifier la clientèle du Lycée en amenant des élèves de presque tous les pays francophones du monde ; il fut même décidé de réserver une place au conseil d'administration à un représentant africain.

Pour faire face à cette expansion du nombre d'élèves, l'école décida d'acquérir de nouveaux bâtiments ; un petit bâtiment fut d'abord construit à côté du bel hôtel particulier de la 95e rue, où on put ajouter quelques salles de classe (1958) ; ensuite furent achetés plusieurs nouveaux bâtiments, à la 72e rue (1964), à la 93e rue (1978) et enfin à la 73e rue (1996). Les immeubles de la 72e rue et de la 93e rue permirent aussi de loger le président de l'école, Maurice Galy et le futur directeur des études, Joel Vallat. Les effectifs se stabilisèrent autour de 800 à 1000 élèves. En 2002, tous ces immeubles seraient vendus pour permettre la construction d'un nouveau bâtiment au 505 Est 75e rue qui permettrait de réunir tous les niveaux sur un seul campus. Aujourd'hui, ce bâtiment accueille près de 1300 élèves représentants 50 nationalités.

Changements dans la direction de l'école.

Les années Galy Font-nouvelle demeura à New York après avoir quitté le Consulat et il resta président du Lycée jusqu'à sa mort au printemps 1956. Robert Lacour-Gayet et Jean de Sieyès servirent comme présidents intérimaires pendant les deux années qui suivirent jusqu'à ce que Maurice Galy (1918-1993), conseiller culturel adjoint des Services culturels de l'Ambassade de France aux États-Unis, soit nommé président de l'école. [215] Galy resterait à la tête du Lycée pendant trente-deux ans, de décembre 1957 à juin 1989, et il dirigea l'école d'une manière que certains ont qualifiée d'autoritaire; Dubosclard écrit que Galy avait la ferme intention de faire du Lycée « son école ». [216] Sous sa direction, le Lycée s'agrandit et se transforma : c'est au cours de ces années que se fit l'acquisition de cinq nouveaux bâtiments pour accommoder le nombre grandissant d'élèves ; de 285 en 1957 à presque 1000 en 1989.[217] De plus, Galy augmenta rapidement le nombre d'enseignants, le faisant passer de vingt-neuf en 1957 à cinquante-cinq 1960 et à soixante-dix en 1961.

Pendant l'année scolaire 1966-1967, le budget annuel du Lycée atteignit un million de dollars, avec un effectif de plus de mille élèves et une équipe enseignante de quatre-vingt-huit personnes.[218]

Maurice Galy et son épouse instituèrent une tradition de grandes soirées de levée de fonds pour soutenir l'école et pour cultiver son image prestigieuse : en 1961 par exemple, une soirée de levée de fonds proposa aux invités un bazar, un bal pour les jeunes et un dîner dansant pour les adultes dans le style d'une « grande soirée de gala ».[219] Selon Maristella Lorch, ancien professeur de littérature italienne à l'université de Columbia, et ancien membre du conseil d'administration du LFNY, ces soirées constituaient un élément essentiel du succès de l'école :

> En Amérique, on n'obtient pas d'argent en mettant une annonce dans le journal. Alors, [M. et Mme Galy] décidèrent de créer une sorte de spectacle, offrant une image de l'école française idéale, comme il n'en existait plus en France ... Galy avait assuré une base solide à l'école. À cette époque, pour qu'une école réussisse, il fallait ces danses avec tous les élèves habillés en costume Louis XIV.[220]

En d'autres termes, ces soirées ne servaient pas seulement à lever des fonds mais servaient aussi à façonner une image de l'école fondée sur une version idéalisée de la culture française qui plairait à un public américain. Le Lycée présentait, par plusieurs aspects, une version idéalisée de l'éducation et de la culture françaises à New York, une version qui ne correspondait peut-être pas à la réalité en France mais qui était de nature à plaire aux Américains attirés par le prestige de la langue française et de sa culture.

Pendant cette période, le Lycée accueillit des élèves d'origines de plus en plus diverses puisque plus de quarante nationalités étaient représentées à l'école en 1965.[221] Galy fit un grand effort pour recruter les familles de diplomates africains et nomma plusieurs de ces nouveaux parents d'élèves, dont par exemple l'ambassadeur de Côte d'Ivoire, au conseil d'administration. Certains membres de la communauté du Lycée, comme Joel Vallat, ancien directeur des études de l'école, voient dans ces efforts une stratégie dont le but était de constituer un fort contingent francophone au sein des effectifs d'élèves mais surtout au conseil d'administration :

> Je pense que [Galy] choisissait de nommer au Conseil d'administration majoritairement des gens en qui il avait totalement confiance et avec qui il avait des relations très amicales. Il redoutait certains membres du Conseil principalement américains dont il pensait qu'ils sapaient son autorité, et il se sentait un peu fragilisé, et à mon avis, il essayait de réunir un petit groupe francophone de fidèles qui pourrait le soutenir.[222]

Ces efforts pour inclure plus de membres de la francophonie n'avaient cependant pas contribué à améliorer les relations du Lycée avec la France.

D'après Jean-Marie Guéhenno, un diplomate français, « Les relations avec la France étaient terribles... C'est à peine s'[ils] se parlaient. »[223] Cette mésentente entre le Lycée et le gouvernement français semble avoir été due en grande partie à une question de personnalités, et surtout au fait que Maurice Galy était déterminé à gérer le Lycée à sa manière. Comme l'explique Vallat, « Galy, avec sa personnalité, ne supportait pas la mainmise ou l'influence des autorités françaises ; il était à la tête d'une école américaine donc il voulait jouer de ça au maximum [...] Galy ne voulait absolument pas mettre de l'eau dans son vin. »[224] Une des sources de tension majeures était que, malgré son cursus français, le Lycée était une école privée américaine et par conséquent complètement indépendante du gouvernement français.

Galy lui-même expliquait que l'originalité du Lycée Français ne venait pas du fait que c'était un établissement de langue française (des écoles de ce genre avaient après tout existé aux États-Unis depuis le XVIIIe siècle, comme nous l'avons rappelé dans le chapitre précédent) mais bien plutôt des conditions dans lesquelles l'école avait été créée et avait grandi. Selon lui, il y avait eu deux obstacles principaux à surmonter. D'abord, l'école avait dû trouver les fonds nécessaires pour se financer elle-même. Ensuite, et plus important encore peut-être, il avait fallu convaincre les autorités américaines de permettre à l'école d'adopter le cursus français, un cursus étranger donc.[225] Galy expliquait aussi que le statut d'entreprise privée du Lycée paraissait choquant pour beaucoup de personnes accoutumées au système public en France :

Le terme d'entreprise associé à celui d'établissement d'enseignement a choqué et choque encore les oreilles de beaucoup de nos compatriotes, notamment les professionnels du monde de l'enseignement ou des représentants de services publics. J'ai fait grincer bien des dents en reconnaissant sans une gêne que je n'éprouvais d'ailleurs pas, que mes fonctions comportaient l'obligation de gérer un portefeuille de valeurs mobilières, de faire des opérations immobilières, de rechercher des dons et de réaliser des bénéfices sur l'organisation de dîners, de galas de bienfaisance, la vente de manuels et de fournitures scolaires.[226]

Ceci occasionna de graves différends entre la direction de l'école, en la personne de Galy, et les représentants de l'Éducation nationale française. De fait, selon Galy, le gouvernement français s'obstina toujours dans l'idée que le contrôle de l'école lui revenait :

Cela explique en partie pourquoi le statut d'établissement privé d'enseignement indépendant américain qui est le sien n'a jamais été réellement admis par l'administration française même si celle-ci a toujours reconnu la très grande qualité de l'enseignement donné. Elle a toujours caressé le rêve d'exercer un contrôle direct sur son administration, sa gestion, son programme d'études [et] le recrutement de ses professeurs... Il en est résulté des difficultés qui n'ont pas facilité et ne facilitent toujours pas notre tâche.[227]

Un des moments où les tensions éclatèrent de façon particulièrement forte, illustrant les difficiles relations avec le gouvernement français, fut celui où certains membres de l'équipe enseignante tentèrent de former un syndicat. Cet épisode, qui eut lieu en 1981, mérite qu'on s'y arrête et c'est ce que je propose de faire dans le prochain segment.

Des relations difficiles avec la France :
le conflit du travail de 1981

En 1981, motivés par l'élection de François Mitterand et l'arrivée au pouvoir d'un gouvernement de gauche, plusieurs enseignants français du Lycée décidèrent de se syndicaliser. Ces enseignants bénéficiaient du soutien du conseiller culturel de l'époque, André-Jean Libourel, que l'on savait homme de gauche. Selon Vallat, directeur des études de 1974 à 1982, ce conflit du travail fut à l'origine d'une série de désaccords majeurs entre les autorités françaises et l'administration du Lycée, mais « ensuite ça s'est très vite politisé. »[228] Par exemple, beaucoup des professeurs qui avaient quitté la France soit pour un court laps de temps soit avec un visa de plus longue durée, étaient ravis d'être à New York, mais découvraient ensuite qu'ils travaillaient pour une école privée américaine et se retrouvaient en désaccord avec un système privé où ni les parents ni les enseignants n'avaient vraiment voix au chapitre en ce qui concernait l'organisation de l'école.

Vallat explique que la situation se détériora rapidement car Maurice Galy, le président du Lycée, refusa tout compromis :

> Il se braquait contre ces initiatives de professeurs qui venaient de France et qui voulaient changer les habitudes de la maison. Donc ça a été très compliqué, et pour lui, ça a été le début d'années plutôt difficiles. Je ne sais pas si ces tensions entre le Lycée et le Consulat existaient déjà avant cet épisode de la montée de la Gauche au pouvoir en 1981. Je pense que ça été plutôt des questions de personnes, de paysage politique en France.[229]

Les représentants des enseignants obtinrent le soutien du syndicat des enseignants de l'état de New York, la New York State United Teachers, membre de l'American Federation of United Teachers (une branche de l'AFL-CIO), qui les aida à organiser des élections pour obtenir le droit de se syndiquer en 1983. Après une première victoire, le syndicat fut attaqué par Galy et par le conseil d'administration de l'école ; au bout du compte, l'école fit appel à l'Office national du Travail (National Labor Relations Board ou NLRB). Le NLRB finit par décider qu'il ne pouvait y avoir au Lycée de syndicat représentant les enseignants du fait que les professeurs français et les professeurs américains étaient sujets à des régimes d'embauche et de travail très différents les uns des autres.

En 1985, le Lycée employait environ quatre-vingt-trois professeurs, treize « moniteurs », deux bibliothécaires et un technicien de laboratoire. Parmi eux, la moitié environ des enseignants et quelques moniteurs et bibliothécaires possédaient des visas d'échange (de visiteurs). [230] Ces employés, comme les enseignants recrutés sur place, étaient embauchés par le président du Lycée et partageaient avec eux certaines conditions de travail : le même salaire brut, les mêmes congés, les mêmes vacances et le même calendrier scolaire. Cependant, la décision du NLRB citée plus haut, avait trouvé « des différences considérables » dans les conditions d'emploi des deux groupes.[231] Par exemple, les employés en visa d'échange recevaient une subvention de 2200 dollars pour compenser les frais d'installation à l'étranger. Surtout, pendant les deux premières années de leur visa de trois ans, les employés n'étaient soumis à aucune taxation, ni de la part de la ville, ni de l'état, ni du gouvernement fédéral. De plus les fonctionnaires du ministère de l'Éducation nationale en visa d'échange qui avaient obtenu un « détachement » officiel du ministère gardaient leur couverture de santé française et leurs années d'enseignement au Lycée étaient prises en compte dans le calcul de leur retraite et de leur droit à l'avancement en France. Les employés en visa d'échange étaient évalués par des inspecteurs du ministère de l'Éducation nationale dans le cadre de la procédure de classement des fonctionnaires en France, alors que les enseignants locaux étaient soumis à un régime d'inspection interne tout à fait séparé. Ces différences sont résumées dans le texte de la décision rendue par le NLRB en 1983, qui conclut que « les professeurs français en visa d'échange employés par l'école privée ne doivent pas être admis comme partenaires valables de négociations conjointement avec les employés locaux » :

> [L'Office] jugea que les intérêts des enseignants en visa d'échange différaient sur plusieurs points de ceux des employés embauchés sur place. Il mit en avant, entre autres choses, le fait que les salaires des enseignants en visa d'échange n'étaient pas soumis au régime de taxation des États-Unis pendant deux ans, ce qui, pour la majorité d'entre eux, représentait la durée de leur séjour ; que ces enseignants avaient leur propre système de retraite et d'assurance médicale ; que leurs années de travail au Lycée étaient comptabilisées dans le calcul de leur retraite et leur ancienneté en France ; enfin, que la majorité des professeurs en visa d'échange venaient du ministère français de l'Education et que donc leurs contrats, leurs services et l'évaluation de leur travail étaient soumis à la réglementation du ministère.[232]

Enfin, l'Office du Travail (NLRB) conclut que « Les cas où les intérêts des enseignants en visa d'échange divergent ou bien sont en conflit avec ceux des enseignants embauchés localement sont déterminants et l'emportent sur les cas où ces intérêts convergent, cas sur lesquels le Directeur régional s'était appuyé pour justifier l'admissibilité des enseignants en visa d'échange dans la structure de négociations. »[233] En outre, la divergence d'intérêts qui existait entre les professeurs embauchés localement et les professeurs venant de France allait au-delà des modalités de contrats ou des conditions d'embauche : elle reflétait de fait une différence d'ordre culturel entre enseignants francophones et enseignants américains à l'école. Quoique le jugement de L'Office du Travail (NLRB) ne le mentionne pas explicitement, les enseignants français n'avaient que peu de contacts avec leurs collègues américains, ces derniers étant d'abord très peu nombreux et chargés uniquement des cours d'anglais. Leurs horaires ne coïncidaient pas, et les cours d'anglais étaient vus comme, en quelque sorte, en dehors du cursus français. [234]

Ce conflit eut des conséquences financières aussi bien que culturelles majeures pour l'école. Le ministère de l'Éducation nationale, l'AEFE et le ministère des Affaires étrangères retirèrent au Lycée le droit au détachement pour les professeurs. C'était un coup terrible parce que l'école comptait sur ces professeurs détachés dépendants de ces ministères et qu'ils coûtaient beaucoup moins cher que les enseignants recrutés localement.

Cet épisode illustre les tensions grandissantes entre le Lycée et les autorités françaises au fur et à mesure que l'école affirmait son indépendance. La réaction du gouvernement français face à cette crise et à un certain nombre d'autres conflits mineurs fut de renforcer, de centraliser et d'unifier son réseau international d'écoles : ceci aboutit à la création de l'Agence pour l'enseignement français à l'étranger (AEFE).[235]

La clientèle du LFNY et son cursus

La clientèle du LFNY a été très diverse dès ses débuts ; on peut cependant distinguer trois groupes, chacun ayant des raisons particulières de scolariser ses enfants à l'école. Joel Vallat, ancien directeur adjoint du LFNY et longtemps directeur du Lycée Louis-le-Grand à Paris, explique ainsi cette dynamique :

> La population de l'école se répartissait en trois catégories : un tiers de Français, un gros tiers d'Américains, et un tiers d'une cinquantaine d'autres nationalités, dont des diplomates des Nations Unies, des chefs d'entreprise, des banquiers, ou des ingénieurs qui venaient travailler quelques années, ou certains plus longtemps, à New York qui était la capitale économique des États-Unis. [...] Chaque catégorie de cette population scolaire avait des raisons très différentes de s'y trouver.[236]

La population d'élèves français peut à son tour se diviser en deux sous catégories, selon que les familles avaient l'intention de s'installer définitivement aux États-Unis ou de retourner en France. Vallat précise :

> Pour les Français qui avaient l'intention de ne passer que quelques années à New York, ce n'était qu'une étape, le Lycée était une solution temporaire puisque ces élèves poursuivraient leur scolarité en France. Par contre, ceux qui restaient plus longtemps [...] désiraient poursuivre leurs études supérieures dans une université américaine.[237]

En d'autres termes, la clientèle française se divisait nettement en deux groupes : les élèves qui allaient retourner en France et qui par conséquent considéraient le Lycée comme un bon moyen de continuer leur parcours scolaire afin de pouvoir réintégrer facilement le système public français dès leur retour. Le deuxième groupe considérait le Lycée comme un moyen de conserver leur langue et leur culture françaises tout en ayant la ferme intention de rester aux États-Unis après la fin de leur scolarité. Comme nous l'avons dit plus haut, le diplôme du Baccalauréat français permettait déjà aux élèves du Lycée d'être admis en deuxième ou même troisième année dans la plupart des établissements supérieurs et des universités américaines. L'État de New York avait d'ailleurs officiellement reconnu le niveau d'excellence du programme d'enseignement secondaire de l'école en permettant au LFNY de décerner le diplôme d'enseignement secondaire de New York (New York High School Diploma) dès la fin de la classe de Première, plutôt qu'à la fin de la terminale.

Quant à la deuxième catégorie d'élèves du Lycée, elle comprend des familles américaines et des familles binationales. Pour ces familles, le Lycée avait l'avantage d'offrir à leurs enfants l'accès à une éducation biculturelle qui ferait d'eux des Américains élevés dans un système scolaire français. Comme nous l'avons dit plus haut, les raisons pour lesquelles les familles françaises mettaient leurs enfants au Lycée étaient assez évidentes puisqu'il s'agissait de maintenir la langue et la culture françaises et d'avoir la possibilité de réintégrer le système scolaire français lors d'un éventuel retour en France. Mais ces raisons étaient aussi valables pour les familles internationales ou celles qui, de par leur profession, circulaient à travers le monde et qui appréciaient le fait de pouvoir retrouver une école française dans nombre de pays, assurant ainsi une scolarité sans interruption à leurs enfants. Pour les familles américaines, par contre, les raisons de scolariser leurs enfants au Lycée sont plus variées. En effet, beaucoup de familles américaines dont les enfants faisaient leurs études au LFNY n'avaient aucun lien d'ordre familial proche avec la France ni même avec la langue française. Ces familles étaient pourtant attirées par le prestige de la langue française et la réputation de rigueur et le haut niveau intellectuel de l'enseignement secondaire français ainsi que le prestige dont le Lycée jouissait parmi les écoles privées de la ville de New York ; plus récemment, s'est ajouté à ces raisons l'intérêt grandissant pour l'éducation bilingue en général. Comme Fabrice Jaumont, attaché pour l'Éducation à l'Ambassade de France aux États-Unis à New York, l'écrit dans sa réponse à notre enquête, « Les familles américaines étaient intéressées soit par l'expérience du bilinguisme [ou] attirées par la réputation d'exigence de l'enseignement français. » Nous proposons d'explorer ces raisons plus en détail ici.

Pour les familles américaines qui mettent leurs enfants au Lycée même lorsqu'elles n'ont pas de lien d'ordre personnel ou familial avec la France, la raison la plus souvent évoquée est l'intérêt qu'elles portent à la langue et la culture françaises. Beaucoup de parents, par exemple, inscrivent leurs enfants au Lycée parce qu'ils sont convaincus des bénéfices d'une scolarité bilingue. Don Zivkovic, ancien membre du conseil d'administration de 1989 à 2000, et dont les enfants étaient au Lycée explique que lui et son épouse, tous deux citoyens australiens, avaient choisi le Lycée parce que « Nous voulions que nos enfants soient éduqués dans un milieu bilingue [...] et puis, il y avait un aspect biculturel, ce qui était un atout supplémentaire. »[238]

Ce qui attirait aussi les parents étaient les méthodes d'apprentissage strictes caractéristiques du système éducatif français. Zivkovic explique qu'il y avait « une attitude par rapport à l'apprentissage par mémorisation que nous admirions ».[239] Vallat est d'accord sur ce point ; selon lui, il ne fait pas de doute que les familles américaines étaient attirées par ce que l'on savait des méthodes strictes à la base du système français et par la réputation d'excellence de l'enseignement dispensé par le Lycée, autant que par le prestige de la langue et la culture françaises :

> Il y avait des membres de l'intelligentsia américaine. Je me souviens de professeurs d'université, ou de journalistes du *New York Times*, qui n'étaient pas spécialement bilingues mais qui s'intéressaient à la France et qui savaient que le système secondaire français était sur le plan académique très riche, très dense. [Ces parents pensaient] qu'un jeune Français, à la fin de l'année de terminale, avait sans doute accumulé un bagage culturel et scientifique plus riche, plus dense que s'il était passé par une école américaine, même dans une bonne école américaine [...] Ce qui comptait pour eux était le haut niveau d'exigence du cursus et ils donnaient la préférence à des études académiques avec une forte dose de culture et de connaissances par rapport au développement personnel qu'on peut voir dans une école anglo-saxonne ou américaine en particulier.[240]

Ceci se trouve confirmé par le vécu des élèves américains au Lycée : une élève rapporte par exemple que le sens de la rigueur que ses études dans le système français lui ont inculqué lui servirait tout au long de sa vie : « De mes professeurs de langue française, j'ai appris que ce n'est qu'avec des efforts rigoureux qu'on a des résultats. Des directeurs français de l'école, j'ai appris que l'effort n'est couronné de succès que lorsqu'on le soutient avec fierté et loyauté. » De même, beaucoup d'élèves trouvent que le Lycée les a préparés de façon excellente à l'université, aussi bien que l'aurait fait une école américaine ou même peut-être mieux. C'est ce que raconte Mira Schor en réponse à notre enquête :

> J'ai pu apprécier [la valeur du système français] à peine je me suis retrouvée dans le système américain à l'université, ma meilleure amie avait eu un « A » à un essai qu'elle avait écrit

à NYU (New York University) ; cet essai, pour moi qui venais de la structure rigide qu'on nous imposait dans le système français, me semblait terriblement mal organisé ; j'ai commencé presque tout de suite à apprécier cette discipline et ces règles.

Ainsi, le niveau d'exigence du cursus et les méthodes strictes employées par les professeurs, recrutés pour la plupart en France, ont attiré ces familles qui voulaient que leurs enfants soient bilingues et qu'ils profitent d'un enseignement stimulant, mais il y a toujours eu d'autres raisons pour lesquelles ces parents choisissaient le Lycée.

À l'époque et encore aujourd'hui, il y avait un certain prestige attaché à la langue et à la culture françaises, auquel s'ajoutait le prestige d'être dans une école renommée du quartier très chic de l'Upper East Side. Ce sentiment était partagé par les enfants et les parents, et certains anciens élèves mentionnent le sentiment de distinction qu'ils éprouvaient en parlant français avec leurs camarades dans les rues de New York : « Dans les grandes classes et [...] quand on a pu prendre le bus pour rentrer à la maison, on se démarquait vraiment parce qu'on parlait français et les gens savaient qui nous étions et de quelle école nous venions. » [241] D'autres encore mentionnent dans leurs réponses au questionnaire que le fait d'être élève au Lycée leur donnait le sentiment d'avoir un « statut spécial » par rapport aux camarades de leur âge qui parlaient anglais.

Tout au long de son histoire, le Lycée a joué sur son prestige et cultivé son image : il y a eu dès le début les grandes soirées organisées par le fondateur, Charles de Fontnouvelle, comme le concert donné à Carnegie Hall avec la participation de la chanteuse d'opéra franco-américaine Lily Pons pour lancer une levée de fonds pour l'école. Étaient présents à cette occasion André Lefebvre de Labouaye, ambassadeur de France auprès des États-Unis, Jesse Isidor Straus, ambassadeur des États-Unis en France et la mère du Président Franklin Roosevelt.[242] Parmi les autres événements de ce type, une soirée fut dédiée à l'inauguration du nouveau bâtiment de l'école en 1938, où 300 personnes furent invitées dans « la magnifique salle de bal lambrissée » du Lycée après un dîner dans la suite Louis XVI de l'hôtel Saint Régis ; parmi les personnalités importantes et les membres de la haute société new-yorkaise, se trouvait encore une fois la mère du président, Mme James Roosevelt.[243]

Les élèves américains, le plus souvent, n'avaient aucun mal à fonctionner dans le cadre francophone du Lycée et apprenaient tout aussi vite que leurs camarades français. Les parents et les anciens élèves nous ont dit que les Américains et les autres étrangers s'adaptaient rapidement à la langue et au cursus français. Zivkovic explique que « Ce fut très facile... au bout de six mois, [ma fille] parlait couramment. »[244] Mais pour certains, la transition était plus lente, surtout en ce qui concernait la culture pédagogique au Lycée. Michele Moss, une ancienne élève du Lycée Français qui ne parlait presque pas du tout le français en arrivant, raconte une de ces mésaventures :

> J'avais eu un zéro à un devoir de mathématiques parce que le professeur avait décrit une ligne droite comme « l'aspect que prend un fil bien tendu », ce que j'avais compris comme « la direction que prend une fille bien connue » ; je croyais que « connue » était la même chose que « intelligente » et donc, une fille intelligente avancerait sur une ligne droite. C'est ce que j'avais écrit dans l'interrogation écrite et bien sûr, le professeur m'avait donné un zéro, et j'ai éclaté en sanglots. C'est un souvenir qui montre à quel point je ne comprenais rien au début ! [245]

Quoique la plupart des élèves, même après des débuts difficiles, s'adaptaient vite aux méthodes strictes et au niveau d'exigence élevé, certains, comme l'artiste Mira Schor, pensent en fin de compte que le cursus du Lycée était trop rigide et ne donnait pas la possibilité d'explorer d'autres formes d'épanouissement comme l'art ou la musique ; et de fait, tout au long de l'histoire du Lycée, certains élèves quittaient l'école avant la dernière année à la recherche d'un cadre plus souple où continuer leurs études.[246]

Le troisième groupe est très hétérogène et comprend un groupe divers de professionnels travaillant à travers le monde et de diplomates. Ainsi que l'explique Vallat, ces familles étaient attirées par le Lycée parce qu'il appartenait à un réseau international d'écoles françaises, ce qui garantissait que leurs enfants pourraient faire leurs études sans interruption dans le même système :

> Le troisième groupe comprenait des élèves venus d'une cinquantaine de nationalités différentes qui avaient choisi de faire leur scolarité au Lycée Français. Ceci était dû en grande

partie à l'arrivée à New York de beaucoup de diplomates mais aussi de responsables d'entreprises avec de hautes responsabilités, dont les fonctions, dont le métier les amenaient à se déplacer d'un pays à l'autre [...] Pour tous ces parents-là, très internationaux et amenés à se déplacer à peu près tous les trois ans, le système [du réseau international d'écoles françaises] était extraordinairement pratique [...] Ils me disaient « Où que l'on aille, où que l'on soit nommé, on sait qu'il y aura un lycée français. »[247]

Attirer les élites internationales était bien sûr un élément central de la raison d'être du réseau d'écoles françaises.

L'identité culturelle du Lycée Français de New York

L'identité culturelle du LFNY a beaucoup évolué au cours des années. Pour beaucoup de personnes, le Lycée était un « bastion » de la culture française à New York, comme le dit Don Zivkovic.[248] Les élèves y suivaient un cursus exclusivement français, avec des cours de littérature française, de géographie de la France et d'histoire de France, et ils devaient chanter la Marseillaise ; malgré tout, dès le début certaines concessions furent faites aux règlements de l'État de New York en matière d'enseignement comme, par exemple, l'obligation de suivre des cours d'anglais, d'histoire américaine et même pendant un court moment, d'histoire de l'état de New York.[249] Le drapeau américain côtoyait le drapeau français sur l'estrade et l'on faisait aussi place à l'hymne national américain, le *Star Spangled Banner*, lors des cérémonies à l'école. Contrairement à aujourd'hui, où les cours sont donnés en français et en anglais dans plusieurs disciplines, y compris en maths et en sciences, de 1950 à 1980, tous les cours étaient enseignés en français à l'exception des cours de langue et de littérature anglaises, avec quelques heures supplémentaires consacrées à l'histoire américaine à certains niveaux.

Le cursus français avait un impact profond sur l'identité culturelle des élèves, surtout sur les Américains qui trouvaient souvent qu'ils avaient acquis une « identité française » même s'ils n'avaient pas de lien personnel ou de famille avec la France. Mira Schor, élève au Lycée de 1955 à 1967, raconte qu'à cette époque, étudier au Lycée, « C'était comme si on était en France à New York. »[250] Dans sa réponse à notre enquête, Schor insiste sur le rôle central qu'ont joué les cours de littérature et de philosophie dans sa formation intellectuelle et culturelle : « Pour moi, cette formation intellectuelle est toujours restée importante, au fur et à mesure que je comprenais à quel point j'avais absorbé la pensée des Lumières... Je pense que l'enseignement philosophique et littéraire que j'ai reçu m'a donné une base solide pour développer ma pensée. » [251] Une autre réponse à l'enquête exprime la même opinion : « Le programme est entièrement français, centré sur l'histoire de France et la littérature française », le résultat étant que les élèves, français et américains, « grandissent avec le sentiment d'être français. » D'ailleurs, certains élèves étaient si profondément immergés dans la langue française et dans la culture française qu'ils avaient parfois un sentiment d'affinité plus fort avec la France qu'avec leur propre pays. Maristella Lorch, professeur à l'université de Columbia et membre du conseil d'administration pendant de longues années, raconte cette anecdote au sujet de ses enfants qui étaient élèves au Lycée dans les années soixante-dix : « un jour, alors que mes filles regardaient par la fenêtre, je les ai entendues dire, "Ce matin, la Loire n'a pas l'air bien" ; en fait elles regardaient l'Hudson. Elles ne savaient même pas qu'elles vivaient à New York ! » [252]

Plusieurs personnes interrogées pour l'enquête font remarquer que la forte identité française du Lycée était importante puisque l'école était entourée par la culture américaine de la ville de New York et plus généralement des États-Unis. L'une d'entre elles l'explique en ces mots : « Il y avait une très forte identification à la culture française... Quant à la culture américaine, elle était secondaire, mais ça ne me gênait pas, on pouvait glaner ailleurs tout ce qu'il fallait savoir. »

D'autres réponses au questionnaire soulignaient plutôt le sentiment d'identité internationale ou mondiale qu'on pouvait acquérir au Lycée, surtout à partir des années soixante-dix. Un ancien élève, qui y avait fait ses études de 1966 à 1980, donna la réponse suivante à la question sur le sentiment d'identité :

> L'école créait plutôt un sentiment d'identité international que français ou américain. On avait accès bien sûr à des événements culturels français qui passaient à New York [...] mais la population de l'école était si internationale (Asiatiques

de langue française, Algériens, Tunisiens ou Marocains, Italiens) qu'on se sentait tous mélangés.

Une autre réponse souligne de même que tout en reconnaissant que le cursus était fortement orienté vers la langue et la culture française, le fait que le Lycée offrait des cours d'histoire, de littérature et de géographie américaines permettait aux élèves d'acquérir un point de vue internationaliste : « Ces cours, en plus des élèves issus de toutes les cultures, créaient le sentiment d'une identité internationale et multiculturelle. » Il semble donc en fin de compte que les élèves acquéraient plusieurs sentiments d'identité parallèles, ce qui créait une culture internationale et mondiale à l'intérieur de l'école ; un sentiment d'identité français pouvait coexister avec un sentiment d'identité américain et cela donnait lieu à des échanges d'une grande richesse. Les remarques d'un ancien élève, Adam Zivkovic, élève au Lycée de 1996 à 2010, semblent même confirmer en écho les déclarations pleines d'espoir qu'avait faites des années auparavant un des premiers membres du conseil d'administration du LFNY, Stephen Duggan. Zivkovic écrit :

> Ni les Français, ni les Américains ne gardent leurs opinions pour eux, même s'ils les expriment chacun à sa manière. On ne peut pas quitter une école française sans avoir absorbé certaines valeurs des Français, et ce serait la même chose si on avait fait sa scolarité dans une école américaine. Ces points de vue font partie intégrante de l'expérience et sont sans doute influencés par les enseignants. Les moments les plus intéressants de ce genre étaient les élections françaises ou américaines. Les discussions allaient bon train de part et d'autre et ce qui était particulièrement intéressant, c'était de voir à quel point certaines élections importaient aux élèves alors qu'ils ne pouvaient même pas y participer puisque certains étaient des citoyens français vivant aux États-Unis, mais ils se sentaient concernés par les résultats quand même.

Comme beaucoup d'autres personnes qui ont répondu à mon enquête, Zivkovic conclut que cette coexistence entre plusieurs cultures et plusieurs sentiments d'identité a produit des élèves qui se sentaient internationaux et multiculturels, ou plutôt, comme il le dit lui-même « citoyens du monde ». Alain Letort, élève au Lycée de 1951 à 1965, écrit que le fait que toutes les matières soient enseignées en français avec des manuels français, sauf pour la littérature et l'histoire américaines, a contribué à son « sentiment d'identité duelle » de Franco-Américain. Il ajoute que la diversité de la population du Lycée a élargi son horizon : « Beaucoup de mes camarades de classe n'étaient ni français, ni américains, si bien que, très tôt dans ma vie, j'ai appris à me sentir citoyen du monde. » Letort ajoute que l'équipe internationale des professeurs jouait un rôle important dans la création d'une culture mondiale à l'école mais aussi que tous enseignaient le respect mutuel entre les enfants de cultures différentes : « L'équipe enseignante française nous inculquait des valeurs françaises, l'équipe américaine des valeurs américaines, mais tous étaient conscients que les élèves venaient du monde entier et ils nous enseignaient à respecter les cultures des uns et des autres. »

Collectes de fonds et soutien institutionnel

Depuis 80 ans que le LFNY existe, il a traversé certaines périodes où il bénéficiait du soutien du gouvernement français, alternant avec d'autres périodes où il n'était soutenu que par la communauté francophone locale et ne recevait presque aucune aide de la France. De fait, selon Don Zivkovic, membre du conseil d'administration et parent d'élève au Lycée, dernièrement, le soutien financier accordé par le gouvernement français a été réduit au minimum : cela fut le cas en particulier lorsqu'il s'est agi d'agrandir l'école et de construire un nouveau bâtiment. Il pointe du doigt la différence entre l'attitude française et l'habitude américaine de collecter des fonds pour s'autofinancer, mais aussi l'attitude différente qui existe aux États-Unis par rapport au soutien des écoles américaines en France :

> L'American School in Paris était très activement soutenue par les Américains de Paris, par le gouvernement américain, par des sociétés américaines... Nous, par contre, avons vécu l'exact opposé. Les Américains nous ont aidés, mais nous n'avons reçu que très peu d'aide de la part des Français. J'ai assisté à des réunions [...] avec des sociétés françaises, et apparemment [...] ça ne les intéressait pas de participer.[253]

Joelle Reilly, professeur au Lycée, confirme cette impression que le gouvernement français n'était pas très enclin à soutenir le Lycée financièrement ; selon elle, « Le gouvernement français n'a jamais été particulièrement généreux. »[254]

Malgré les tentatives de pression du gouvernement français sur le LFNY pour que l'école maintienne des frais de scolarité abordables pour les familles françaises expatriées, le coût de la scolarité au LFNY a augmenté considérablement au fil des années. De plus, quoique les arrêtés de l'AEFE stipulent que le gouvernement français doit fournir une aide financière aux familles françaises inscrites à l'école, le montant de cette aide est sévèrement limité par des restrictions budgétaires. À la place, le Lycée a dû s'autofinancer grâce à des campagnes de levée de fonds à l'Américaine et grâce à des frais de scolarité élevés ; le succès de cette stratégie permet aujourd'hui au Lycée d'alimenter un fonds de bourses bien plus généreux que par le passé :

> L'école offre beaucoup plus de bourses aujourd'hui... Il y a des campagnes de levée de fonds. L'administration a accepté l'idée que cela fait partie du travail du directeur [de l'école] et des besoins de la communauté que de collecter de l'argent, de le faire fructifier de manière saine, et d'en redistribuer une partie aux familles pour contrebalancer les frais de scolarité qui ont beaucoup augmenté et pour payer les salaires des professeurs.[255]

Les bourses sont accordées selon les besoins et toutes les familles y ont droit ; les familles françaises, cependant, sont dans l'obligation de passer d'abord par le Consulat de France. Les bourses offertes par le Lycée couvrent jusqu'à 95% des frais de scolarité, mais ne couvrent jamais l'entièreté des frais, le but étant de donner aux familles le sentiment qu'elles sont partie prenante du l'école. Joelle Reilly l'explique en ces termes : « [Le directeur de l'école] disait qu'il ne voulait dans aucun cas donner 100% parce que, selon lui, il était important que chacun se considère symboliquement comme partie prenante du projet de l'école. Même si c'était seulement à hauteur de 5%, il fallait que chaque famille ait un peu ce sentiment. »[256]

L'augmentation de la population française à New York et les autres écoles françaises de la ville

A partir de la deuxième moitié des années cinquante et jusque dans les années soixante-dix, la communauté française expatriée ne cessa d'augmenter. Ceci eut pour résultat qu'un plus grand nombre de familles recherchèrent un enseignement français et voulurent inscrire leurs enfants au Lycée. C'est à cette époque que l'école acheta de nouveaux bâtiments dans le quartier de l'Upper East Side de Manhattan, ainsi que nous l'avons dit plus haut.

Cette augmentation de la population francophone ouvrit aussi des perspectives à d'autres écoles françaises, comme la Fleming School (fondée en 1956), le Lyceum Kennedy (fondé en 1964) et la French American School of New York (fondée en 1980). Ces écoles furent toutes créées par d'anciens professeurs du Lycée Français. Enfin, une autre école franco-américaine, l'École Internationale de New York, créée par l'ancien directeur du Lyceum Kennedy, ouvrit ses portes en 2009. L'histoire de ces écoles et leur situation actuelle nous permettront de donner une image plus précise du contexte dans lequel s'est déroulée l'expansion de l'enseignement français à New York tout au long de ces soixante années.

La Fleming School fut créée en 1956 par Douce Fleming Correa, professeur au Lycée Français, qui désirait offrir une alternative au cursus strictement français du Lycée. Comme le Lycée Français, la Flemming School avait pour but d'offrir un mélange d'éducation française et américaine, en mettant l'accent principalement sur le bilinguisme, surtout pour les élèves américains. Correa avait déclaré : « Il est très important que les enfants américains soient bilingues. » La Flemming School occupa d'abord un bâtiment à la 62e rue Est, puis emménagea dans de nouveaux locaux à la 78e rue et à la 79e rue en 1990.

Le type d'élève que la Fleming School attirait n'était pas très différent de celui du Lycée Français, mais elle convenait surtout aux familles qui recherchaient une approche plus américaine de l'enseignement. Une des personnes interrogées pour notre enquête écrit que, « L'école avait une orientation essentiellement franco-américaine... certains élèves étaient des citoyens français, mais la plupart étaient des enfants de familles américaines de milieux progressistes, avec un niveau supérieur d'éducation. » Ces deux écoles attiraient aussi les familles pour plusieurs raisons semblables. Du côté français, « Certains élèves étaient là parce que leurs familles avaient des liens avec la France ou même que leurs deux parents étaient français. » Mais du côté américain, les raisons étaient plus complexes : « Je crois que la plupart d'entre nous étions élèves à l'école parce que nos parents voulaient nous donner accès à un horizon culturel plus large et surtout nous faire connaître la culture européenne. Beaucoup d'entre eux étaient francophiles et ils voulaient nous transmettre leur enthousiasme. » Un autre ancien élève écrit : « Ma famille a choisi de m'inscrire à l'école pour m'exposer très jeune à la langue française et pour que j'apprenne à connaitre la culture française. » Dans une réponse plus élaborée, un ancien élève décrit ainsi les motivations de ses parents :

> Mes parents et certains amis de nos parents avaient choisi cette école parce qu'ils étaient persuadés qu'apprendre le français serait pour leurs enfants une manière utile d'acquérir un vernis culturel et aussi pour les exposer aux grands textes de la culture européenne, auxquels ils n'auraient pas eu accès ailleurs.

D'autres mentionnent le « cachet » que leur donnait le fait d'être élèves dans une école française mais rappellent aussi le fait que la Flemming School, comme le Lycée Français, étaient moins chers que les autres écoles privées du quartier.

D'un autre côté, l'atmosphère un peu bohème de la Flemming School contrastait fortement avec la culture très classique du Lycée. Une ancienne élève, Marcea Barringer, explique dans sa réponse au questionnaire que « La plupart des élèves français semblaient avoir été renvoyés du Lycée Français ou bien ils avaient des parents très anticonformistes [...] et le Lycée ne leur correspondait pas. »

Une autre réponse à l'enquête conclut que la Flemming School inculquait un sentiment de binationalité :

> On apprenait tout dans les deux langues et on découvrait deux cultures. Je me rappelle avoir appris l'alphabet en français et l'alphabet en anglais. Je me rappelle aussi avoir appris à tracer mes lettres en français et en anglais. Mais je me rappelle aussi qu'il nous fallait faire la révérence devant la directrice et d'autres coutumes qui étaient plus françaises qu'américaines.

Beaucoup d'anciens élèves évoquent le cursus français classique de l'école, qui comme celui du Lycée, s'appuyait sur des méthodes d'enseignement traditionnelles, mettant l'accent sur l'apprentissage par cœur, la rigueur et la discipline :

Une grande partie du cursus avait une orientation pédagogique plutôt européenne, basée sur des méthodes comme apprendre par cœur des poèmes, des règles de grammaire, des listes de faits. Une chose dont je me souviens et qui m'a immensément profité dans les années qui ont suivi : alors que la plupart des écoles se donnaient beaucoup de liberté par rapport au cursus, Fleming enseignait les bases. On apprenait la grammaire, la ponctuation, l'écriture cursive ; le programme de mathématiques aussi était centré sur la mémorisation.

D'autres, cependant, se souviennent que le cursus était plus souple et qu'il alliait une attitude plus américaine fondée sur l'épanouissement personnel et l'enrichissement intellectuel avec la discipline stricte du système français :

Je pense que les valeurs que j'ai acquises surtout [étaient] le sens si français de la discipline, de l'ordre et du respect. Mais pourtant, une grande place était accordée à la créativité, ce qui semblait plus « américain » : l'art était très important ; il y avait un merveilleux programme de danse contemporaine jusqu'au cours moyen, et une magnifique chorale du CM2 à la classe de quatrième.

Comme c'est le cas pour les élèves du Lycée, les Américains qui ont fait leur scolarité à la Flemming School en ont gardé un sentiment d'attachement à la langue et à la culture françaises, et même parfois un sentiment d'identité, même si l'école n'a pas véritablement cherché à le leur inculquer. Un ancien élève nous a expliqué ce transfert de certaines valeurs plus particulièrement françaises en ces termes :

Quand j'étais enfant, je n'avais pas l'impression que la Flemming School cherchait activement à inculquer aux élèves américains un sentiment d'appartenance à la culture française. Mais, comme tant de professeurs étaient français à l'école, que les autres élèves étaient français et que la plupart de nos manuels étaient français, ça s'est fait par une sorte d'osmose.

De ce point de vue, la Flemming School fonctionnait d'une manière très semblable au LFNY : elle donnait accès à la langue et à la culture françaises à un nombre grandissant de jeunes Américains tout en garantissant une éducation française aux élèves français qui n'avaient pas trouvé leur place au Lycée.

Malheureusement, l'école rencontra de graves problèmes financiers et elle fut obligée de fermer ses portes en pleine année scolaire en 1991, après qu'une opération de mutation immobilière de ses anciens bâtiments de la 69e rue Est se fut avérée insuffisante pour couvrir les frais de refinancement de son nouveau campus dans le quartier Ouest de Manhattan. Ce qui frappe cependant, c'est que, plus de vingt ans après la fermeture de l'école, les anciens élèves de la Flemming School gardent toujours une page active sur Facebook.

Le Lyceum Kennedy fut créé en 1964 par Eliane Dumas. Elle aussi avait été professeur au Lycée Français. L'école est aujourd'hui encore dans les mêmes locaux du centre-ville à Manhattan. Comme le LFNY, elle s'était donné pour mission de servir les familles françaises et francophones de New York. En 1968, l'école fut achetée par un linguiste japonais du nom de Koji Sonoda : il élargit la mission du Lyceum en offrant un cursus bilingue japonais-anglais en plus du programme bilingue français-anglais. En 1996, l'école ouvrit un second campus dans la banlieue new-yorkaise de Westchester pour accueillir ses élèves de plus en plus nombreux.

Aujourd'hui, le Lyceum Kennedy accueille des élèves de la maternelle à la terminale et est accrédité par le ministère de l'Éducation nationale française ainsi que par le Board of Regents de l'état de New York. En septembre 2014, le Lyceum Kennedy fut agréé par l'Organisation du Baccalauréat international (OBI) et mit sur pied son programme du Baccalauréat international.

La French American School of New York (FASNY) fut fondée en 1980 par deux anciens professeurs du LFNY, Katherine Watkins et Sylvette Maschino. L'école ouvrit ses portes à Larchmont, dans la banlieue nord de New York et démarra avec à peine 17 élèves en maternelle. Depuis lors l'école n'a cessé de s'agrandir et accueille maintenant chaque année plus de 800 élèves de la maternelle à la terminale. La FASNY a maintenant plusieurs campus dans le comté de Westchester et est en train de faire construire un nouveau campus ultra moderne à White Plains (banlieue nord de New York) sur le site de l'ancien country club de Ridgeway. La FASNY dessert une population internationale : selon la page web de l'école, 69% des élèves sont d'origine française, 21% sont des Américains et 10% représentent jusqu'à cinquante nationalités différentes.

Comme le LFNY, la Flemming School et le Lyceum Kennedy, la FASNY est accréditée par le ministère de l'Éducation nationale, l'Organisation du Baccalauréat international et l'Association des Écoles indépendantes de l'état de New York (New York State Association of Independent Schools). C'est la seule école de la région new-yorkaise autorisée à faire passer le Baccalauréat international aussi bien que le Baccalauréat français et ses élèves obtiennent aussi le High School Diploma de l'état de New York. Selon un des membres du conseil d'administration de l'école, « Un des éléments qui différencie la FASNY est que [l'école] offre un véritable programme à deux langues et à deux cursus à une population scolaire internationale. » L'école s'efforce de marier les meilleurs aspects du système français et du système américain grâce à son « cursus double » ; c'est pourquoi elle attire particulièrement les familles multiculturelles, ou les expatriés qui désirent que leurs enfants apprennent l'anglais et profitent d'une expérience plus « américaine ».

Enfin, une dernière école, l'École Internationale de New York, a été fondée en 2009 par Yves Rivaud, ancien directeur du Lyceum Kennedy. L'école se trouve dans le quartier du Flatiron à Manhattan et sert aujourd'hui des élèves de la maternelle à la Quatrième. En 2011, l'école comptait 16 à 18 élèves par classe. L'École Internationale de New York est accréditée par le ministère de l'Éducation nationale et est affiliée à la Mission laïque française, aussi bien que la National Association for Independent Schools et la Parents League de New York.

Comme c'est le cas pour les autres écoles que nous avons décrites, l'École Internationale de New York sert trois catégories de familles différentes. La première comprend des familles françaises vivant à New York, car l'école enseigne un cursus semblable au cursus national français mais en y ajoutant « l'approche critique et créative de l'éducation américaine ».[257] La deuxième comprend des familles américaines qui désirent que leurs enfants apprennent le français grâce au programme d'immersion qu'offre l'école. Enfin, il y a des familles de toutes les nationalités, qui vivent à New York et qu'attire la « vision internationale » de l'école où sont représentés plus de trente pays du monde entier.[258]

Comme la Flemming School, l'École internationale de New York se présente comme une école au cursus double, enseignant dans deux langues, « [mêlant] avec succès le meilleur de l'enseignement français et de l'enseignement américain ». [259]

L'émergence à New York de nouvelles écoles françaises, comme la dispute autour de la création d'un syndicat des enseignants au LFNY, ont été des facteurs motivants qui ont poussé le gouvernement français à uniformiser et centraliser le réseau en expansion de ses écoles à l'étranger : c'est ce que nous proposons d'examiner au chapitre suivant.

CHAPITRE VI

Vu de Paris : l'Agence pour l'enseignement français à l'étranger

J'ai commencé, au début de ma carrière au Lycée Français, par enseigner l'anglais au primaire. Quelques années plus tard, je suis devenue professeur au collège et au lycée où j'enseignais l'anglais et l'histoire américaine. C'étaient des matières obligatoires exigées par le New York State Department of Education mais aussi des matières très importantes pour tous les élèves qui allaient continuer leurs études dans les universités américaines.

Au départ, comme une des rares Américaines de l'équipe enseignante (même les professeurs d'anglais étaient français pour la plupart) je n'avais presque aucun contact avec le ministère de l'Éducation nationale français. Les autres membres de l'équipe enseignante, quels que soient les niveaux et les matières qu'ils enseignaient étaient tous certifiés par le gouvernement français et étaient inspectés régulièrement au fur et à mesure qu'ils gravissaient les échelons de leur carrière. Ces professeurs recevaient des directives d'enseignement des *bulletins officiels* (BO) hebdomadaires publiés par le ministère, alors que le petit groupe des professeurs américains se concertaient entre eux, avec un chef de département lorsqu'il y en avait un, pour établir un programme pour chaque niveau. Ils s'inspiraient en partie de ce qui se pratiquait dans les autres écoles privées ou bien suivaient les grandes lignes fournies par de l'état de New York, mais ils n'étaient soumis à aucune autre autorité. Dans les classes de lycée, nous préparions les élèves pour les examens du Standard Aptitude Test (SAT), et les aidions à constituer leurs dossiers pour l'admission aux universités américaines, mais les examens du Baccalauréat (si importants pour nos élèves) y compris les examens d'anglais, étaient du seul domaine des professeurs certifiés en France.

Tout a changé en 1998, lorsque le Lycée m'a demandé de coordonner un nouveau programme, l'Option internationale du Baccalauréat (OIB) à l'école, et de recruter un groupe d'élèves qui passeraient des examens spéciaux de langue et d'histoire-géographie en anglais. J'appris alors qu'il y avait des « sections » d'OIB dans beaucoup d'autres lycées français à l'étranger, non seulement en anglais (avec des sections américaines et des sections anglaises), mais aussi en allemand, en arabe, en portugais, en japonais et en suédois. Alors, pour pouvoir organiser les cours et le nouveau cursus, je me suis plongée dans la lecture de multiples décrets du ministère et nombre de BO pleins de directives récentes. Mais, chose encore plus intéressante pour moi, je suis alors rentrée en contact avec d'autres écoles aux États-Unis (à Washington DC, à Boston, à Chicago et à San Francisco) et en France où des écoles à Paris, Bordeaux, Lyons et Nice, avaient ouvert des « Sections américaines » pour leurs élèves anglophones.

La deuxième moitié du vingtième siècle a vu une forte augmentation de la population française à New York et assisté à la création de plusieurs nouvelles écoles offrant un programme français. En même temps, des écoles implantées depuis plus longtemps, comme le Lycée Français, affirmaient de plus en plus leur indépendance par rapport aux autorités françaises, ce qui avait engendré des conflits comme celui autour du syndicat des enseignants dans les années quatre-vingt et les tensions grandissantes entre le directeur de l'école, Maurice Galy et le consulat. Ces deux changements simultanés furent suivis de près par les autorités en France, surtout au sein du ministère de l'Éducation nationale et au ministère des Affaires étrangères : ils conduisirent à une série de décisions visant à centraliser et uniformiser le réseau, toujours en expansion rapide, des écoles françaises à l'étranger. Ces efforts de centralisation et d'uniformisation aboutirent à la création de l'Agence pour l'enseignement français à l'étranger (AEFE) en 1990, et qui constitue le sujet du présent chapitre.

Aujourd'hui, les écoles françaises de New York doivent une grande partie de leur succès et de leur expansion, même dans les cas où elles ont été fondées au départ par des philanthropes locaux, des parents, des éducateurs ou d'autres membres de la communauté, au fait que, même en tant qu'écoles privées et indépendantes, elles ont bénéficié de la légitimité que leur procurait l'accréditation officielle des autorités du ministère de l'Éducation nationale et du ministère des Affaires étrangères. Pour ces derniers, ces écoles avaient un intérêt tout particulier non seulement à l'international mais surtout à

New York où la présence des Nations Unies et de la communauté internationale des affaires offrait des possibilités importantes à l'exercice du soft power par l'éducation. Deux organismes français, la Mission laïque française (MLF) et plus récemment l'AEFE sont chargées dans une large mesure de surveiller ces écoles françaises dans le monde et de les rattacher au réseau et aux ministères concernés. Le soutien que ces organismes offrent aux écoles en matière de programme, de recrutement des professeurs, de formation continue et d'accréditation permet de différencier ces établissements des autres écoles privées de New York, mais aussi des écoles privées franchisées (comme celles qui offrent le programme du Baccalauréat international) ou celles qui font partie de structures associatives décentralisées (comme le Council of British Schools Overseas qui regroupe des écoles membres pour la plupart privées).

Aujourd'hui, plus de 490 écoles françaises à l'étranger sont (pour tout ce qui touche à l'accréditation, le recrutement des professeurs et des administrateurs, les programmes et les examens) sous la tutelle administrative de l'AEFE, créée en 1990 par le ministère des Affaires étrangères. La structure financière de ces écoles varie : elle peut être entièrement privée (comme le Lycée Français) ou entièrement publique (surtout dans les pays en développement mais aussi dans le cas d'écoles implantées depuis longtemps, comme celles de Berlin et de Moscou). D'autres écoles continuent d'être créées et soutenues par la MLF, qui a un statut spécial d'agence à but non lucratif semi-gouvernementale et qui administre aujourd'hui 71 écoles. La MLF fournit un soutien financier pour permettre à des écoles de s'ouvrir à l'étranger en coopération avec le ministère de l'Éducation, le ministère des Affaires étrangères et des organismes privés. Quoique certaines de ces écoles aient pour but principal de servir la communauté française des affaires à l'étranger, toutes accueillent aussi des élèves locaux. Ces organismes assument tous deux la responsabilité d'administrer le réseau très étendu des écoles françaises à l'étranger : ce chapitre se propose d'examiner l'étendue et les caractéristiques actuelles de leurs missions. Ensuite, après avoir examiné en profondeur leur organisation et leur structure, nous nous pencherons plus en détail sur leur action aux États-Unis et à New York en particulier.

La Mission laïque française aujourd'hui

La création de l'AEFE fut grandement facilitée par l'exemple de la MLF, un organisme qui, déjà depuis longtemps, œuvrait à la promotion de l'enseignement français à l'étranger.[260] Les objectifs, la structure et la mission de la MLF ont considérablement évolué tout au long de son existence. Aujourd'hui, sa charte déclare que sa mission est de diffuser la langue et la culture françaises dans le monde par un enseignement laïque, plurilingue et interculturel. Les valeurs centrales de son action sont la laïcité, la solidarité et le dialogue des cultures. La Charte lie ces valeurs explicitement à la Déclaration universelle des droits de l'homme.[261] Pour accomplir sa mission, la MLF agit en liaison étroite avec le ministère (français) des Affaires européennes et étrangères (MEAE) et le ministère de l'Éducation nationale (MEN) ainsi qu'avec les structures éducatives déjà en place dans les pays hôtes et dans les écoles qui font partie du réseau de la MLF.

Aujourd'hui, la MLF est à la tête d'un réseau de 109 écoles, avec un effectif de plus de 60 000 élèves dans 38 pays différents.[262] Plus de 71% des élèves du réseau de la MLF sont des citoyens étrangers.[263] Ce réseau comprend des écoles élémentaires, des collèges et des lycées classés en quatre catégories. La première catégorie comprend 35 écoles gérées directement par la MLF et baptisées « établissements en pleine responsabilité ». La MLF est entièrement responsable de la gestion administrative, pédagogique et financière de ces écoles. Huit d'entre elles sont règlementées en coopération avec l'AEFE et l'une d'entre elles est administrée en partenariat avec le ministère des Affaires étrangères. La Dallas International School (DIS) au Texas, fondée en 1984, est la seule école de ce type aux États-Unis. L'école a été incorporée au réseau de la MLF en 1991 et accueille aujourd'hui 725 enfants de la toute petite section à la terminale. La DIS suit le programme de l'Éducation nationale si bien que les élèves peuvent passer le diplôme national du Brevet à la fin du collège et peuvent préparer le Baccalauréat français (section ES et S) aussi bien que le Baccalauréat International. La plupart des professeurs de l'école sont certifiés par le ministère de l'Éducation nationale.

La seconde catégorie englobe 21 « écoles d'entreprises ». Ces écoles ont été créées pour répondre à la demande d'entreprises qui désiraient faciliter la scolarisation des enfants de leurs employés francophones à l'étranger. Parmi les entreprises qui profitent de ce système se trouvent des compagnies françaises telles que Total, Bouygues et Renault mais aussi des compagnies internationales comme Comilog. La première école d'entreprise a été créée en 1965 à Calgary, au Canada, afin de scolariser les enfants des employés d'Elf Aquitaine. Le nombre d'écoles d'entreprises a fortement augmenté pendant les années quatre-vingt et quatre-vingt-dix, et en 2002, les écoles d'entreprises de la MLF accueillaient 1550 élèves chaque année.[264] Il n'y a qu'une seule école d'entreprise de la MLF aux États-Unis, l'école d'Areva à Aiken en Caroline du Sud. L'école fut créée à la demande des employés expatriés d'Areva, une multinationale française spécialiste de l'énergie nucléaire et renouvelable. L'école d'Areva ne compte en ce moment que neuf élèves du CP à la Troisième et enseigne en partenariat avec trois écoles américaines à Aiken ; les neuf élèves sont inscrits dans une école américaine mais prennent des cours de français enseignés par des professeurs français certifiés par le MEN et employés par la MLF.

La troisième catégorie comprend 53 « établissements partenaires ». Ces écoles sont légalement et financièrement indépendantes de la MLF mais elles peuvent profiter de l'accréditation du ministère de l'Éducation nationale par le biais d'un accord avec la MLF. Ce que cela signifie dans la pratique, c'est que la MLF s'occupe du recrutement des professeurs, veille sur le processus d'accréditation et joue parfois un rôle de conseil pour ce qui concerne les aspects financiers et administratifs. Il existe aujourd'hui 53 établissements partenaires de la MLF aux États-Unis, dont l'un à New York, l'International School of Brooklyn (ISB). Fondée en 2005, la ISB est un établissement entièrement bilingue et offre un programme d'immersion en français ; elle a été intégrée au réseau de la MLF en 2009. L'école accueille maintenant 167 élèves de la maternelle à la quatrième, quoique, pour le moment seule la classe de CE1 soit homologuée par le MEN.

Enfin, la MLF dirige 19 « missions de coopération éducative » dans neuf pays au nom du ministère des Affaires étrangères. Dans ces cas, le gouvernement français passe un contrat avec la MLF qui fournit des services éducatifs dans des pays en situation de crise ou de sortie de crise. Par exemple, la MLF est responsable de deux lycées à Kaboul, dans le cadre de la mission diplomatique de la France en Afghanistan. Il existe en ce moment deux missions de la MLF aux États-Unis, en Floride et dans l'état de Washington. La French International School of Boca Raton en Floride et la North Seattle French School dans l'état de Washington furent intégrées dans le réseau de la MLF en 2017.

La structure administrative de la MLF a trois composantes. La plus importante, l'assemblée générale, se réunit deux fois par an ou bien chaque fois qu'elle est convoquée par le président de l'association. L'assemblée approuve les dépenses courantes de l'année et vote le budget de l'année suivante. De plus, l'assemblée générale élit 33 des 36 membres du conseil d'administration, les trois autres étant nommés par le ministère des Affaires étrangères, le ministère de l'Éducation nationale et l'AEFE. Le conseil se réunit au moins trois fois tous les six mois et élit un bureau composé de huit personnes qui se réunit une fois par mois. Les bureaux de la MLF sont à Paris ; c'est de là qu'elle dirige la surveillance, l'administration et le développement de ses écoles à travers le monde.

D'après un rapport sur l'avenir de l'enseignement français à l'étranger présenté en 2003 au Conseil économique et social du gouvernement français, la MLF reste un partenaire essentiel de l'AEFE dans sa mission de promotion de l'enseignement français et aussi pour la direction des écoles françaises à l'étranger. Il y a deux différences essentielles dans la structure et dans les objectifs de la MLF et de l'AEFE : alors que les écoles du réseau de l'AEFE sont soutenues financièrement par le gouvernement français et ont pour objectif principal d'éduquer les enfants de citoyens français vivant à l'étranger (sujet que nous abordons plus loin), la MLF est largement auto financée et ses écoles éduquent principalement les enfants de citoyens d'autres pays que la France. Quoique les écoles de la MLF soient homologuées par le ministère de l'Éducation nationale comme celles du réseau de l'AEFE, plus de 70% des élèves des écoles de la MLF sont des citoyens de pays autres que la France et les frais de scolarité sont à la charge de leurs parents, alors même que ces frais ne cessent aujourd'hui d'augmenter.[265] Cependant, l'AEFE contribue au budget des douze « écoles conventionnées » de la MLF à hauteur de 20%, ce qui aide à payer les salaires des directeurs d'école et de leurs adjoints, des comptables et de quelques professeurs et sert aussi à alimenter les bourses et la formation continue. On peut donc à juste titre dire en conclusion que, « Au tournant du XXIe siècle, la Mission laïque, grâce à sa capacité d'adaptation, à sa réactivité mais également à un enseignement de qualité, constitue un bon outil, complémentaire des établissements de l'Agence soumis à un contexte budgétaire extrêmement contraint. »[266]

Historique de l'Agence pour l'enseignement français à l'étranger

Alors que la MLF incorporait dans sa mission une dimension sociale en créant des écoles destinées principalement à des populations étrangères ou des populations locales de territoires français d'outre-mer, des Français expatriés de par le monde créaient des écoles du type de l'École économique et du Lycée Français qui avaient pour objectif de garantir non seulement que, grâce à leur éducation, leurs enfants continuent à parler le français mais aussi qu'ils conservent leur identité de Français tout en vivant à l'étranger.[267] Pour beaucoup d'entre eux, comme ce l'avait été pour les fondateurs de l'École économique, le but ultime étant un retour ou un rapatriement en France.[268] Dans les colonies françaises et plus tard, dans les anciennes colonies, ces écoles fondaient leur légitimité et leur attrait sur les liens officiels qu'elles entretenaient avec la France, avec le Ministère de l'Éducation nationale et avec le cursus scolaire français.

Dans les années qui suivirent la décolonisation, il parut nécessaire de mieux organiser la myriade de petites écoles françaises qui s'étaient créées dans les colonies et au-delà, y compris des écoles comme le Lycée Français dont les effectifs ne cessaient d'augmenter. Le Conseil supérieur des Français de l'étranger fut remplacé par l'Assemblée des Français de l'étranger dont la tâche était d'établir les statuts d'une Fédération des écoles françaises à l'étranger ; le gouvernement, pour sa part, se donna pour tâche d'établir des directives qui permettraient de donner une reconnaissance formelle à ces écoles et de les soutenir plus efficacement.[269]

En 1971, un décret préliminaire fut publié qui définissait dans les grandes lignes les conditions à remplir pour être reconnue comme une « petite école française à l'étranger ».[270] Ces écoles étaient destinées aux enfants enregistrés au Consulat et devaient être gérées par des associations de parents dont la majorité devaient être français. Le décret stipulait aussi que ces écoles devaient être des établissements à but non lucratif, et que le président et le trésorier du conseil d'administration devaient être des Français. Enfin, les « petites écoles » étaient censées suivre les directives établies par l'Education nationale et accepter d'être inspectées par les autorités françaises.[271]

Dans les années qui suivirent, le nombre d'élèves inscrits dans beaucoup de ces établissements augmenta, si bien que le cadre établi par le décret de 1971 se révéla trop étroit. En conséquence, en 1979, un nouveau décret remplaça l'appellation « petite école » par celle « d'écoles françaises de l'étranger » en élargissant ce que le terme pouvait recouvrir. Dans ce nouveau cadre étaient admis des établissements gérés par des fondations, ou des organismes éducatifs à but non lucratif et les écoles furent autorisées à accueillir des élèves qui n'étaient pas français. La nouvelle règlementation assouplit aussi quelque peu les directives pédagogiques en prenant en compte uniquement les sections françaises de ces écoles : il suffisait que, dans ces sections, le programme officiel de l'Education nationale soit appliqué et qu'il prépare les élèves aux diplômes français, pour que l'établissement soit considéré comme une « école française ». [272]

Le système officiel d'accréditation, qui est toujours appliqué aujourd'hui, fut mis sur pied en 1975 ; il était basé sur une décision de la Commission de l'enseignement. Il mena à la création de l'Association nationale des écoles françaises à l'étranger ou ANEFE, sous l'impulsion de Jacques Habert et avec l'accord du ministère de l'Éducation nationale et du ministère des Affaires étrangères. La loi du 11 juillet 1975 (connue sous le nom de loi Haby d'après le nom du ministre de l'Education nationale de l'époque, René Haby) et ses décrets d'application – plus spécifiquement, le décret du 13 juillet 1977 concernant l'enseignement français à l'étranger, établirent les directives précises du programme enseigné dans ce réseau d'écoles.[273] La loi Haby fut une étape importante de l'uniformisation du système éducatif français, suivant le précédent établi par les lois Jules Ferry de 1882, et concernait cette fois les classes de collège et de lycée. Mais cette loi devint aussi le texte de référence sur lequel le ministère de l'Éducation nationale, en accord avec le ministère des Affaires étrangères, s'appuyait pour établir chaque année la liste des écoles françaises homologuées dans le monde. [274] Il précisait aussi la terminologie à adopter pour mieux refléter le niveau de l'enseignement dispensé dans ces écoles : les établissements seraient désignés comme des « collèges » jusqu'à la classe de Troisième ; ceux dans lesquels s'ouvraient des classes de Seconde, Première et terminale, à condition qu'elles soient homologuées, seraient dénommés « lycées ».

Le décret du 13 juillet 1977 [275] définissait les conditions que devait remplir une école à l'étranger pour être homologuée par le ministère de l'Éducation nationale. Parmi ces conditions, les principales étaient que l'école soit ouverte aux enfants français résidant avec leurs familles à l'étranger ; qu'elle applique la législation française quant au programme d'enseignement tout en s'adaptant aux contraintes du cadre législatif local ; qu'un dossier scolaire soit constitué et maintenu pour chaque élève selon des règles semblables à celles qui étaient prévues en France. De plus, le décret stipulait qu'une liste des établissements répondant aux conditions pour l'homologation serait établie par le ministre de l'Éducation en accord avec le ministre des Affaires étrangères et qu'elle serait révisable annuellement.[276] Malgré une série d'amendements tout au long des années quatre-vingt, les conditions régissant l'enseignement français à l'étranger restèrent inchangées jusque dans les années quatre-vingt-dix.

Aucune modification importante ne fut apportée à la manière dont le réseau international d'écoles était organisé jusqu'en 1990, lorsque fut créée l'AEFE. Le décret du 6 juillet 1990 représente un moment capital car y était clairement promulguée l'institutionnalisation de l'enseignement français à l'étranger, et car il plaçait désormais les établissements à l'étranger non pas sous l'autorité du ministère de l'Éducation nationale mais sous celle du ministère des Affaires étrangères. L'AEFE fut constituée en tant qu'institution gouvernementale, et, alors que le partenaire principal de l'ANEFE avait été le ministère de l'Education, la nouvelle loi confiait la responsabilité de l'enseignement français dans le monde au ministère des Affaires étrangères.[277] Ceci rendait explicite le fait que le gouvernement français considérait (et considère toujours) l'enseignement français à l'étranger non seulement comme une structure à but éducatif, mais aussi comme un instrument du soft power culturel et politique de la France. Il est remarquable, par exemple, que le rapport du Conseil économique et social de 2003 rappelle dès le premier paragraphe que le réseau international d'écoles françaises se définit par ses deux objectifs principaux, inscrits dans le décret fondamental du 6 juillet 1990 : fournir une éducation de qualité aux Français expatriés et diffuser la langue et la culture françaises dans le monde en accueillant dans ses écoles des élèves étrangers.[278] L'Article 2 du rapport, en insistant particulièrement sur l'objectif d'étendre l'enseignement français aux étrangers, énonce clairement les enjeux :

> Art. 2. – L'Agence a pour objet :
>
>> D'assurer, en faveur des enfants de nationalité française résidant à l'étranger, les missions de service public relatives à l'éducation ;
>>
>> De contribuer au renforcement des relations de coopération entre les systèmes éducatifs français et étrangers, au bénéfice des élèves français et étrangers ;
>>
>> De contribuer au renforcement des relations de coopération entre les systèmes éducatifs français et étrangers, au bénéfice des élèves français et étrangers ; [279]

D'autre part, les documents constitutifs de l'organisation révèlent clairement qu'un des motifs principaux de la création de l'AEFE a été la volonté de centraliser l'enseignement français à l'étranger :

> Avant la création de l'Agence, le réseau d'enseignement français de l'étranger était marqué par une organisation très décentralisée. Le rôle essentiel était alors dévolu aux chefs d'établissements qui avaient un pouvoir beaucoup plus large que celui de leurs homologues en France. La tutelle du ministère des Affaires étrangères était très discrète. Seul le label « enseignement français », conféré par le ministère de l'Éducation nationale, assurait une cohérence minimale à ce système très disparate.[280]

Ce nouvel effort de centralisation et de contrôle de la part de Paris devait avoir un impact important sur des écoles comme le Lycée Français de New York, ce que nous examinerons dans un chapitre ultérieur.[281]

Structure et organisation de l'Agence

Aujourd'hui, l'AEFE est une institution publique placée sous l'autorité du ministère français des Affaires étrangères. Selon son site web, l'AEFE a une double mission : d'abord, éduquer les enfants de familles françaises résidant à l'étranger et ensuite, contribuer à étendre la langue et la culture françaises dans le monde en éduquant des enfants dans 137 pays, représentant 60% des élèves inscrits dans les écoles du réseau.[282]

Le principe de l'homologation (le processus par lequel les écoles de l'AEFE sont accréditées par le ministère de l'Éducation nationale) est au centre de la structure de l'AEFE. Selon l'AEFE, le processus d'homologation garantit qu'une école est capable d'assurer un enseignement de qualité dans la mesure où elle suit le même programme, se donne les mêmes objectifs pédagogiques, et partage la même règlementation que le système scolaire public français. L'homologation accordée par le ministère de l'Éducation nationale garantit en plus un degré élevé d'uniformité dans les écoles où qu'elles soient dans le monde, ce qui permet à un élève de passer d'une école à une autre sans examen d'entrée, à la seule condition qu'il y ait une place. Cet aspect est particulièrement important pour les enfants de familles résidant à l'étranger dont certains veulent pouvoir réintégrer le système public à leur retour en France. Les écoles de l'AEFE, pour assurer qu'elles satisfont aux exigences de l'homologation, font régulièrement l'objet d'inspections assurées par des officiels de l'éducation française. Le fait que ces écoles soient reconnues et inspectées par le gouvernement ajoute de façon significative à leur légitimité, surtout pour les familles françaises ou internationales appelées à travailler et vivre dans plusieurs pays. Même le format du livret scolaire (informatisé depuis quelques années seulement), est aujourd'hui identique dans tout le système scolaire français. Un membre de l'AEFE raconte à ce sujet qu'un jour, une mission périlleuse avait été confiée à un employé de l'Agence : il fallait qu'il aille récupérer les livrets scolaires abandonnés dans une école en Afrique qu'on avait fermée précipitamment à cause de troubles dans la région. C'est dire l'importance que ces documents possèdent aux yeux de l'administration française (les enfants et leurs familles avaient bien sûr été évacués auparavant).[283] En tant qu'institution publique, l'AEFE est gouvernée par un conseil d'administration qui compte parmi ses membres des représentants du ministère de l'Éducation nationale et du ministère des Affaires étrangères.

Catégories d'écoles dans le réseau de l'AEFE

On peut distinguer trois catégories d'établissements dans le réseau AEFE. Les écoles du premier groupe sont dites « en gestion directe » (EGD), c'est-à-dire qu'elles sont gérées directement par l'AEFE et qu'elles sont sujettes à la même règlementation que les établissements publics en France. Celles du deuxième groupe sont dites « conventionnées », c'est-à-dire qu'elles sont sujettes à la règlementation locale mais qu'elles ont signé un accord de charte avec l'AEFE. Dans ces établissements, l'AEFE peut recruter des professeurs de l'Education nationale et payer leurs salaires ; elle peut subventionner les coûts opérationnels et accorder des bourses aux élèves français. Cependant, ces écoles sont gérées d'habitude par un conseil d'administration composé surtout de parents d'élèves, et non pas directement par l'AEFE.

Dans le dernier groupe se trouvent les écoles partenaires, qui ont une gestion indépendante mais coopèrent avec l'AEFE pour obtenir l'homologation du ministère de l'Éducation nationale. Ainsi que l'explique Olivier Boasson, les autorités françaises ont des relations très différentes avec les écoles françaises selon qu'elles sont en gestion directe, conventionnées ou simplement en partenariat, même si elles sont toutes homologuées par le ministère de l'Éducation nationale :

> Il y avait ces grandes différences de pilotage entre les autorités françaises et un établissement à programme français selon que l'établissement était en gestion directe, conventionné ou partenaire. Il y a à peu près trois cercles excentriques de pilotage : gestion directe, conventionné et partenaire mais quel que soit le niveau de pilotage, tous sont homologués. C'est vrai qu'à un moment on appelait les établissements partenaires homologués simplement « homologués ». Mais c'était trompeur puisqu' évidemment les conventionnés sont homologués, comme les écoles en gestion directe. Pour cette raison, depuis quelques années, on parle d'établissements en

gestion directe, conventionnés ou partenaires. Mais tous sont homologués, au moins en partie.[284]

En 2004, les 269 établissements du réseau de l'AEFE comprenaient 74 écoles en gestion directe et 195 écoles conventionnées. Aujourd'hui, quarante écoles supplémentaires dans le monde sont reconnues par le ministère de l'Éducation nationale mais ne font pas officiellement partie du réseau de l'AEFE. Ces écoles sont homologuées, c'est-à-dire accréditées par le ministère de l'Éducation nationale.[285] À ces écoles s'ajoutent les établissements du réseau de la MLF, dont nous parlerons plus loin.

En 2004, le réseau de l'AEFE comptait environ 21000 enseignants et personnels administratifs. [286] Cependant, les enseignants comme le personnel encadrant sont embauchés et rémunérés différemment selon leur statut. Il y a trois catégories d'enseignants employés par le réseau de l'AEFE. Nous allons les décrire en détail ici.

Le premier groupe se compose de professeurs expatriés qui demeurent fonctionnaires de l'État pendant toute la durée de leur poste à l'étranger ; ils ont un statut spécial de « détachement » qui leur permet de continuer à avancer dans leur carrière et d'accumuler des points en vue de leur retraite et de leur Sécurité sociale, pendant la durée de leur « congé » pour enseigner à l'étranger. L'AEFE paie leur salaire pendant trois ans, avec une seule possibilité de renouvellement. Chaque expatrié coûte environ 100 000 Euros par an à l'AEFE.[287]

Le deuxième groupe comprend des professeurs certifiés par le ministère de l'Éducation nationale mais ayant résidé plus de trois mois dans le pays hôte. Comme leurs collègues expatriés, ces enseignants sont en service auprès de l'AEFE avec un contrat de trois ans, renouvelable une fois. Cependant, les contraintes budgétaires font que l'AEFE demande d'habitude aux écoles de contribuer à une part du salaire des professeurs résidants. Chaque résidant coûte donc en moyenne 40 000 Euros à l'AEFE.[288]

Le troisième et dernier groupe comprend les enseignants embauchés sur place, qui sont recrutés et rémunérés par les établissements. Les contrats d'embauche de ces professeurs sont régis par la législation et la règlementation locales. Il s'agit souvent des professeurs enseignant le programme local, comme, à New York, l'anglais et l'histoire américaine.

Accréditation dans l'ensemble du réseau

Comme la MLF, l'AEFE s'efforce de trouver le juste milieu entre l'application stricte d'un programme centralisé et uniforme et une certaine souplesse, nécessaire pour s'adapter aux divers contextes locaux :

> Le ministère de l'Éducation [...] définit l'ensemble de l'institution avec le curriculum de l'école maternelle jusqu'au Baccalauréat. Non seulement il définit le schéma général mais va même jusqu'aux programmes des diverses matières à enseigner, du nombre d'heures consacrées à ces matières et du programme détaillé de chacune de ces matières.[289]

L'une des grandes forces de l'AEFE est que chaque école du réseau est obligée de suivre les mêmes directives pour conserver son homologation, ce qui signifie que les élèves peuvent passer d'établissement en établissement à l'étranger et même intégrer une école en France sans avoir à passer d'examen d'entrée. Comme le rappelle une des personnes que nous avons interrogée dans notre enquête, « On disait dans le temps que lorsque le ministre de l'éducation nationale regardait sa montre, il pouvait dire ce que les enfants étaient en train d'apprendre dans tous les lycées du monde. » C'est une exagération bien sûr, mais elle illustre bien quelle était l'ambition des établissements de l'AEFE, soumis à un processus rigoureux d'uniformisation et d'accréditation et régis par une autorité centrale.

Olivier Boasson explique en quoi ceci représente une des grandes forces du système très centralisé et uniforme de l'éducation française :

> En termes de politique publique [de l'enseignement à l'étranger], il faut avouer que ça a sans doute été un atout d'avoir un système éducatif homogène avec une norme forte. C'est plus facile ensuite à modéliser. Une fois qu'on l'a modélisé, on a cette passerelle transparente entre chaque école sans test de niveau, sans repasser de contrôle [pour l'élève].[290]

De plus, la mobilité internationale que facilite cette structure uniforme ne sert pas seulement les familles françaises résidant à l'étranger : des familles très mobiles, dont les parents font partie du corps diplomatique ou bien travaillent pour des compagnies internationales, sont attirées par le système français pour les mêmes raisons, même si elles n'ont pas de lien de nature personnelle avec la France ou la langue française. Boasson le confirme : « C'est ce qui rend le système français si attractif y compris et notamment pour la majorité des usagers de ces établissements qui ne sont pas des ressortissants français et qui comprennent bien l'intérêt du réseau. » [291]

Les élèves des écoles de l'AEFE préparent le même examen du Baccalauréat que leurs camarades en France, avec un pourcentage souvent élevé de réussite : en 2003, par exemple, parmi les 8645 candidats passant l'examen à l'étranger, 94,01% furent reçus, comparés à 81,1% en France.[292]

En même temps, l'AEFE a fait preuve d'une certaine ouverture par rapport aux langues et aux cultures étrangères, même si, dans la pratique, cela reste très limité. Il y a par exemple des sections bilingues dans les écoles primaires et les programmes donnent une place à l'histoire et la géographie du pays hôte. De fait, pour aussi centralisé que soit le système éducatif français et pour aussi uniformisés que soient les programmes, il n'en demeure pas moins que la culture française a toujours revendiqué un certain universalisme qui résonne à travers le monde. C'est ce qu'explique Olivier Boasson :

> Mais quand on regarde hors de la France, on doit constater que cette norme éducative, ce projet éducatif, (qui est fondé sur l'esprit critique en grande partie) ce projet éducatif, il est quand même remarquablement souple. C'est un système qui peut être toléré voire complètement métabolisé dans des régions du monde très différentes, où la vision du monde et la philosophie de vie sont aussi différentes que dans des pays comme l'Arabie Saoudite ou le Danemark, le Japon ou le Salvador et c'est quand même impressionnant. Ça veut peut-être dire qu'on a touché certains paramètres invariants qui touchent toutes les formes de vie humaine ou de culture humaine.[293]

Comme nous allons le voir, cette flexibilité a contribué à la création de nouveaux programmes pédagogiques dans les établissements français à l'étranger, mais aussi à de nouveaux programmes de sensibilisation au français dans d'autres écoles, avec les programmes à deux langues dans les écoles publiques, les programmes d'immersion et certaines initiatives dans les écoles à charte.

L'AEFE aux États-Unis

Les débats autour de la présence d'écoles françaises dans le monde en 2003 ont porté surtout sur les anciennes colonies et les marchés émergents en Asie ; pourtant, dans les faits, les écoles d'Amérique du Nord et du Sud occupent une place de premier rang dans l'enseignement français dans le monde et ce particulièrement aux États-Unis. Le continent américain accueille 72 établissements affiliés au système éducatif français et 31 d'entre eux se trouvent aux États-Unis. [294] Le développement de l'enseignement français aux États-Unis est suivi avec grand intérêt non seulement par le ministère de l'Éducation nationale mais aussi par le ministère des Affaires étrangères qui a lancé des études sur l'histoire de l'enseignement français aux États-Unis.

Bien avant que ne soient créés des organismes centralisés comme l'AEFE, le Canada avait mis sur pied le Conseil de la Vie française, basé dans la ville de Québec qui était chargé de défendre et de maintenir la tradition francophone des populations d'Amérique du Nord. L'enseignement de la langue française, qui n'avait pas pris une place importante dans les écoles du secondaire avant la Première Guerre mondiale, devint beaucoup plus populaire à partir de 1917, au moment où l'enseignement de l'allemand se mit à décliner. L'allemand avait été la langue étrangère la plus populaire dans les écoles aux États-Unis avant la guerre ; c'était aussi la langue d'enseignement de milliers d'élèves allemands immigrés, scolarisés dans des écoles bilingues, surtout dans le Midwest. Cependant, dans ces écoles, les programmes, même s'ils étaient enseignés en allemand, au contraire des écoles françaises, étaient presque entièrement américains, aucun retour en Allemagne n'étant envisagé.

Lorsque les États-Unis entrèrent en guerre en Europe, le nombre d'écoles allemandes aux États-Unis déclina rapidement ; les autorités fédérales interdirent l'importation de livres allemands dès

1917, et nombre d'états ou de localités bannirent même l'usage de la langue allemande. Le français devint rapidement la langue moderne la plus généralement enseignée dans les écoles des États-Unis dans l'entre-deux-guerres. Dans les années qui suivirent la Deuxième Guerre mondiale, il y eut un mouvement en faveur de l'introduction de langues étrangères parmi les matières obligatoires, et peu de temps après on assista à un effort pour introduire l'apprentissage d'une langue étrangère dès l'école primaire. À ce niveau, la langue étrangère étant plutôt une matière facultative.

Pour l'Ambassade de France à Washington et pour le ministère des Affaires étrangères à Paris, cette expansion de l'enseignement du français et, avec elle, l'augmentation des échanges universitaires entre les États-Unis et la France, étaient une occasion à saisir absolument. Les études diverses, comme celle qui fut commandée par l'Institut national de recherche pédagogique (INRP), soulignent le fait que la promotion de l'enseignement du français faisait partie de la politique extérieure et que la diplomatie culturelle continuait de servir les objectifs de la politique étrangère de la France ; il ne s'agissait pas seulement de garantir aux Français expatriés un retour en France et une réintégration faciles dans le système public.

L'étude menée par l'INRP avait pour objectif de mieux comprendre comment maintenir la popularité du français aux États-Unis ; pour cela, il fallait d'abord examiner les raisons pour lesquelles la langue avait acquis cette popularité. L'enquête conclut que la culture française était le facteur principal de son attrait :

> [...] on s'accorde à reconnaître que les élèves de français s'intéressent à notre langue dans la mesure où ils peuvent s'initier à notre civilisation. Il convient donc de recréer l'atmosphère française en des milieux artificiels. Les Tables françaises, les Cercles français et surtout les Maisons françaises répondent à ce besoin. Certaines de ces Maisons, établies de façon permanente à proximité d'une Université, permettent aux jeunes Américains qui le désirent de converser avec des boursiers français invités à faire un séjour d'un ou deux ans en Amérique, de s'initier aux coutumes françaises et d'apprendre notre langue sous un toit où l'on ne doit s'exprimer qu'en français. Telle est la Maison française

de l'Université d'État de Louisiane et la Maison française inaugurée à l'Université de New York en 1957.[295]

Ainsi donc la culture française contribue à soutenir la pratique du français et la pratique de la langue française à son tour aide à la diffusion de la culture française : la même logique est à l'œuvre dans la création de l'AEFE et dans la conviction que l'enseignement français n'est pas seulement une affaire de linguistique et de pédagogie, mais un atout culturel et politique de la France. L'allusion aux écosystèmes des Maisons françaises et des organismes culturels français dans le rapport de 1959 annonce déjà l'importance de la coopération avec des organisations comme la MLF que recommande le rapport de 2003. Enfin, le rapport de l'INRP suggère aussi que l'enseignement français à l'étranger doit être inclusif et attirer les clientèles qui ne sont pas françaises (des Américains, dans ce cas) pour devenir un modèle viable et maintenir le prestige mondial de la France et de sa langue.

L'AEFE et l'enseignement français à l'étranger : perspectives et défis

En 2003, la France pouvait se féliciter de compter 413 écoles dans son réseau dans le monde, avec des établissements dans 130 pays différents et un effectif total de 230 000 élèves ; le plus large réseau scolaire international soutenu par un gouvernement, loin devant les systèmes éducatifs internationaux de l'Allemagne ou de la Grande Bretagne qui, pour leur part, s'appuient principalement sur des réseaux et des associations privés.[296] Cependant, l'AEFE, dans son rôle de coordination d'un si vaste réseau a aussi été critiquée, surtout pour son manque de transparence, pour avoir pris des décisions qui autorisaient des frais de scolarité élevés et vite devenus inabordables pour les familles, et pour son absence de stratégie à long terme. Le rapport de 2003 s'efforce de répondre à ces critiques et propose une nouvelle plateforme pour l'AEFE en énumérant les objectifs de l'enseignement français à l'étranger. La nouvelle plateforme a pour but d'anticiper les défis potentiels plutôt que de se contenter d'un cadre uniquement réactif. Le rapport, citant les paroles du Ministre des Affaires étrangères lors de la session du 13 novembre à l'Assemblée nationale, souligne à nouveau la double mission de ce réseau international : « Formation des élèves expatriés d'une part, des élites locales d'autre part. »[297] Mais il nuance ce principe de base avec des considérations d'ordre pragmatique sur la possible évolution du réseau selon les fluctuations de la demande, même si cela suppose de retirer des ressources de certaines régions du monde pour se concentrer sur les autres :

> Nous devons examiner le cas des établissements qui sont dans une situation marginale : nous n'avons pas vocation à nous substituer aux systèmes éducatifs nationaux, nous ne devons pas nous maintenir là où la présence de nos établissements résulte de situations révolues.[298]

Par conséquent, deux éléments venaient préciser la vision de l'avenir de l'enseignement français pour l'AEFE : la coopération avec les systèmes éducatifs locaux et le soutien financier aux familles qui ne pourraient pas accéder au réseau, sans créer de situation de dépendance à long terme. Le rapport insiste sur ce défi particulier qui était à ce moment-là le plus important comme le montrait une étude de Monique Cerisier-ben Guiga de 1997, mettant en lumière la marginalisation de communautés françaises à l'étranger.[299] Ces défis détermineraient les objectifs de l'AEFE au XXIe siècle : développer et soutenir des écoles dans des endroits où résident les communautés françaises les plus nombreuses, où on manque de programmes bilingues et de lycées internationaux, et dans des lieux où développer l'usage de la langue française ; la francophonie. Tout cela étant un enjeu stratégique pour la France.

En 2014, Laurent Fabius, ministre des Affaires étrangères et Najat Vallaud-Belkacem se réunirent pour discuter de la question de l'enseignement français à l'étranger et comment le promouvoir. Le rapport qui suivit la réunion montre clairement que les deux ministères reconnaissent le rôle central que joue le réseau international d'écoles dans la conduite de la diplomatie culturelle de la France ; ils réaffirment que ces écoles continuent de servir les intérêts nationaux de la France et ce de plusieurs manières importantes.[300]

Le ministre des Affaires étrangères et le ministre de l'Education nationale établirent ensemble des directives pour encadrer la promotion de l'enseignement français à l'étranger. Trois objectifs furent décidés en commun. Le premier était d'assurer le développement du réseau d'écoles homologuées sous le contrôle direct du ministère de l'Education, tout en améliorant l'allocation des ressources selon les priorités diplomatiques de la France.[301] Ensuite, les deux ministères reconnurent la nécessité de mettre sur pied une réponse organisée à l'augmentation de la demande d'enseignement français dans le monde. Enfin, ils s'accordèrent sur le fait qu'il fallait adapter et ajuster leur stratégie aux particularités des populations que servait le réseau international d'écoles. Cet effort d'adaptation joue depuis les vingt dernières années un rôle de plus en plus important dans le développement du réseau, ainsi que l'explique Philippe Joutard :

> Pendant longtemps, l'idée a été qu'on transposait intégralement le modèle français sans faire aucun effort pour l'adapter à la réalité sur le terrain. Puis, justement à la fin du siècle dernier, peut-être même un peu avant et surtout au XXIe siècle, il est apparu très clairement que la manière la plus efficace d'augmenter notre influence et de développer le système éducatif français à l'étranger, c'était aussi de savoir s'adapter à cet étranger dans ses différences.[302]

L'effort d'adaptation se voit surtout dans le programme pour des matières comme la littérature et l'histoire :

> Une des stratégies a consisté à réserver une place non négligeable à la culture du pays, sous la forme par exemple de l'utilisation à côté du français de la langue du pays ; l'anglais, l'espagnol et l'arabe, pour prendre des exemples précis et concrets ; mais aussi au niveau du contenu. Longtemps, l'idée a été « on applique intégralement les programmes français », y compris la littérature française dans sa totalité, y compris l'histoire française. Aujourd'hui, nous voulons offrir un effort plus grand d'adaptation à la situation locale.[303]

Ces efforts d'adaptation ont eu un impact significatif surtout en ce qui concerne l'évaluation des élèves :

> C'est, je crois, qu'il y a là une évolution relativement récente mais extrêmement intéressante qui se traduit, par exemple par la création de Baccalauréats mixtes : un Baccalauréat franco-américain, un Baccalauréat franco-espagnol, toute une série de Baccalauréats intermédiaires. Ça se traduit [...]

par des formules comme l'Option internationale du Baccalauréat [...] Ce sont tous ces efforts-là, nouveaux, qui créent une intéressante adaptation.[304]

L'effort d'adaptation a aussi touché le recrutement et, d'après Joutard, « En ce moment, il y a moins de professeurs détachés en pourcentage que par exemple il y a dix, vingt, ou trente ans. On procède de plus en plus au recrutement local mais ça fait partie de l'évolution en quelque chose de plus souple pour ces établissements. »[305]

Enfin, l'AEFE, confrontée à des restrictions budgétaires importantes, a été forcée de trouver des stratégies alternatives qui lui permettraient de réduire les coûts de gestion d'un réseau toujours en expansion. De plus, cette expansion constante du réseau d'écoles dans le monde rend la gestion centralisée de l'AEFE de plus en plus impraticable et il a donc fallu développer des solutions alternatives, y compris des formes de gouvernance décentralisées. Parmi ces solutions, on peut noter la création d'associations d'anciens élèves : l'idée avait été mise en avant par l'AEFE, mais sa mise en œuvre est entièrement aux mains des représentants des anciens élèves et des écoles elles-mêmes.

CHAPITRE VII

Le Lycée Français de New York s'adapte et fait la révolution

À partir du milieu des années quatre-vingt-dix, des changements à l'œuvre des deux côtés de l'Atlantique allaient avoir des répercussions sur la nature même du Lycée Français et des autres écoles françaises à New York. Du côté français, les deux ministères, celui des Affaires étrangères et celui de l'Éducation nationale étaient en train de lancer une série d'initiatives visant à intégrer les normes européennes surtout en ce qui concernait l'enseignement supérieur, et à réévaluer l'ensemble de leurs activités en matière de diplomatie culturelle, y compris la création de l'AEFE, pour centraliser le réseau des écoles à l'étranger. [306] L'une des nouveautés les plus importantes parmi ces changements, fut l'introduction de l'Option internationale du Baccalauréat ou OIB, qui permettait que certaines matières soient enseignées dans une langue étrangère au secondaire. En même temps, à New York, la pression démographique et des pressions d'ordre financier poussaient les écoles françaises à s'ouvrir plus largement aux élèves américains, et, dans le cas du Lycée Français à répondre aux parents qui exigeaient maintenant de participer de façon plus étroite à la gestion de l'école. Ces changements, et surtout l'introduction du programme de l'OIB, eurent lieu dans un moment particulièrement turbulent de la gestion du Lycée : l'école en fut transformée dans presque tous ses aspects ; il y eut un déménagement dans un nouveau campus en 2003, et enfin, en 2016, un effort pour forger une nouvelle image de l'école qui redéfinit une partie de sa mission.

Coup d'état à l'école

En 1989, après le départ de Maurice Galy, Gérard Roubichou fut nommé directeur du Lycée Français. Roubichou était un écrivain, un critique d'art et un spécialiste de littérature française qui avait auparavant enseigné à l'Université de Californie à Berkeley et à la University of Virginia ; il avait aussi été, comme Maurice Galy avant lui, conseiller culturel adjoint à l'Ambassade de France à New York dans les années soixante-dix. Sous la présidence de Roubichou, le

Lycée entra dans une période tumultueuse à cause des tensions qui surgirent entre les parents d'élèves, la direction et le Conseil d'administration. Ces tensions culminèrent au point où Roubichou fut licencié en 1998, après avoir mené une longue bataille contre l'association des parents d'élèves du LFNY (APEL), et après que le Consulat de France eut fini par intervenir.

Dans son ouvrage, *Coup d'état à l'école : politique, ambitions et règlement de comptes dans une communauté scolaire aux États-Unis,* [307] Roubichou fait un récit circonstancié des événements des années 1989 à 1998, qui ont mené à sa destitution. Dans ce récit autobiographique, il éclaire surtout, et dans le plus grand détail, les rouages de la politique interne de la communauté des parents d'élèves, des enseignants et des membres du Conseil d'administration. S'il se concentre sur cela, c'est justement du fait que l'école a un statut d'établissement privé américain. Comme son prédécesseur, Maurice Galy, Gérard Roubichou, insiste à de nombreuses reprises sur ce statut particulier de l'école qui est à la source selon lui de confusions et de désaccords de la part non seulement de membres de la communauté française à New York, mais aussi et surtout des Français en France, y compris des membres élus du gouvernement : c'est le même antagonisme que celui qui avait tourmenté le Lycée pendant les années Galy. Comme un article du *New York Times* de 1996 le disait clairement, le conflit entre Roubichou et l'association des parents d'élèves reflétait le statut ambigu du Lycée Français :

Est-ce une école américaine ou une école française ? Est-ce un lieu où s'entretient la flamme de la culture classique française, ou bien est-ce une école privée qui offre une éducation pas chère ? [308] Le plus remarquable fut que la dispute opposant Roubichou à l'APEL atteignit de tels sommets que les autorités françaises, dont l'Ambassadeur de France auprès des États-Unis, François Bujon de l'Estang, durent intervenir. En d'autres termes, les dissensions internes d'un établissement privé américain devinrent une affaire de diplomatie française ; à la fois au niveau officiel, et, selon Roubichou, dans les coulisses.

Dès le début de son livre, Roubichou clarifie la nature des rapports entre une institution comme le LFNY et le gouvernement français. Reprenant un thème qui revient sans cesse dans mes recherches, il souligne le fait que l'école existe comme partenaire indispensable du gouvernement français, à la fois comme service public avec pour mission d'offrir une scolarisation aux expatriés et, au-delà, comme auxiliaire de la diplomatie culturelle de la France, même si les liens entre l'État et l'école restent invisibles. Cependant, il insiste aussi sur l'indépendance de l'école vis à vis des autorités françaises :

> On oublie ou on évite souvent d'insister sur le fait que ce réseau est, dans sa majeure partie, composé d'institutions locales étrangères qui sont pour la plupart privées. Elles aident l'État français à assurer une mission de service public, à savoir la scolarisation, selon les programmes français, de jeunes Français vivant à l'étranger, mais elles ne relèvent pas systématiquement et entièrement de lui. Pour nombre d'entre elles qui n'ont pas formalisé leurs rapports avec la France par la signature d'une « convention », comme c'était le cas du Lycée Français de New York, les autorités françaises ne sont pas habilitées à intervenir dans leur gestion administrative et financière qui est du ressort de la structure qui dirige l'institution.[309]

Ayant ainsi préparé le terrain, Roubichou pouvait affirmer que la plus petite intervention des autorités françaises constituait de fait une ingérence ; vue sous cet angle, toute intervention de la part des services diplomatiques était une démonstration de force injustifiée.

Roubichou poursuit en distinguant entre la mission du Lycée et son statut, c'est-à-dire d'une part sa raison d'être qui est de fournir un enseignement en français, conforme au modèle du système éducatif français, et d'autre part son statut qui garantit son indépendance par rapport aux autorités françaises :

> Cette distinction entre son « statut » et sa « mission » est essentielle pour comprendre certaines données de sa spécificité. À la différence d'autres établissements de même nature qui existent actuellement aux États-Unis (six lui sont comparables au moins par la taille), le Lycée Français de New York n'a pas passé de « convention » avec l'État français, préservant ainsi son statut indépendant. Son Conseil d'administration avait jusqu'au début de l'année 1998

unanimement et constamment refusé cette formule. Aussi les seuls liens institutionnels que le Lycée a avec les autorités françaises sont-ils surtout d'ordre pédagogique.[310]

Roubichou fait remarquer que l'ingérence des autorités françaises autour de la question si délicate du statut indépendant du Lycée, qui a abouti à son licenciement, n'avait cessé de croître depuis vingt ans ; il y avait eu trois moments en particulier où cette ingérence avait été la plus forte, à la fin du mandat de Galy de 1981 à 1988, au moment de l'arrivée de Roubichou lui-même en 1989 et à la fin de son mandat, de 1996 à 1997, un épisode que certains ont qualifié de « coup d'État ». À son avis, l'interventionnisme accru des autorités françaises dans les affaires du Lycée était dû au fait que, pendant les années quatre-vingt, le gouvernement français lui-même avait pris des mesures pour renforcer l'organisation du réseau des écoles françaises à l'étranger, ceci ayant abouti à la création de l'AEFE que nous avons discutée au chapitre précédent.[311]

	Les tensions grandissantes entre Roubichou et l'association des parents d'élèves atteignirent un point critique en 1996 à l'occasion d'un désaccord au sujet de l'uniforme des élèves, désaccord qui semblait relativement mineur. De fait, les membres du Conseil d'administration comme les parents étaient d'accord qu'il fallait resserrer le code vestimentaire, mais, lorsque Roubichou prit unilatéralement la décision d'imposer les changements nécessaires dès le début de la nouvelle année scolaire plutôt que de les introduire par étapes tout au long de l'année ainsi qu'il avait été décidé d'un commun accord lors d'une réunion avec l'APEL, les parents se révoltèrent. La dispute fit même l'objet en 1996 d'un article du *New York Times* qui qualifia le conflit entre les parents et le directeur du Lycée de « révolution ».[312] Ainsi que l'article l'expliquait, les différences entre les deux camps avaient des racines bien plus profondes qu'un simple désaccord sur la manière dont le nouveau code vestimentaire serait introduit : la dispute entre le directeur de l'école, le Conseil d'administration et l'association des parents d'élèves résultait, selon l'article, d'un conflit de personnalités et d'un désaccord plus général par rapport à la gestion de l'école. Selon les représentants de l'association des parents d'élèves, la manière dont Roubichou dirigeait le Lycée nuisait à l'école et le Conseil d'administration était à la botte du directeur :

> L'APEL dit que la direction nuit aux intérêts à l'école de plusieurs manières importantes : la qualité de l'enseignement a baissé ; l'entretien des bâtiments laisse à désirer ; la cafétéria et le gymnase sont trop à l'étroit et la sécurité des élèves (tant en ce qui concerne les portes coupe-feu que l'encadrement des enfants lors des sorties dans le parc) n'est pas prise en compte sérieusement. Les membres de l'APEL reconnaissent pleinement les qualités de l'école mais ils considèrent M. Roubichou comme un petit chef intraitable et paranoïaque, avec un Conseil d'administration entièrement soumis au directeur.[313]

L'article du *New York Times* contribua fortement à ce que les problèmes au Lycée soient portés à l'attention des autorités françaises. À Paris, Xavier de Villepin, un Sénateur chargé de représenter les Français de l'étranger, ayant lu cet article, jugea nécessaire de porter le conflit entre les parents et l'administration de l'école à l'attention du ministre des Affaires étrangères. Le 12 septembre 1996, une question écrite fut soumise au Sénat, qui citait l'article et demandait que le gouvernement autorise une mission d'enquête. Un autre Sénateur représentant les Français résidant à l'étranger, Pierre Barnès, réitéra la demande le 3 octobre. Les réponses aux questions des deux Sénateurs parurent dans le *Journal Officiel de la République Française* le 5 décembre 1996. On y retrouve la distinction entre le statut et la mission de l'école. Parallèlement, il fut décidé de mandater une mission d'inspection globale de la situation à l'école, qui aurait lieu à la fin décembre. L'inspection aboutit à calmer la situation mais le répit fut de courte durée. En 1997, Roubichou fut désavoué publiquement par l'Ambassadeur de France, et après avoir intenté un procès contre le Conseil d'administration et contre l'école elle-même, il fut destitué.

Avec une nouvelle équipe de direction et, surtout, un Conseil d'administration qui cette fois affirmait son indépendance (et où siégeaient un nombre important d'anciens membres de l'association des parents d'élèves à l'origine de la « révolution »), le Lycée lança un ambitieux projet immobilier : les bâtiments de la 72e, la 73e, la 93e et la 95e rue furent vendus pour construire un nouveau campus qui accueillerait tous les niveaux de l'école dans un même endroit. Le nouveau campus, qui possédait un auditorium, des laboratoires de science et des gymnases spacieux, mena à d'autres changements au sein des programmes, y compris une nouvelle variante des examens du Baccalauréat avec la création du Baccalauréat Franco-Américain dont il sera question plus loin.

Universalisme et adaptations

Pendant longtemps, les écoles françaises à l'étranger se sont contentées de transposer le modèle français tel quel et dans son entièreté, sans faire aucun effort pour l'adapter à la réalité sur le terrain. Comme l'écrit Mitchell Lasser, professeur de Droit à Cornell University et ancien élève du LFNY, cela pouvait créer des situations absurdes où ce qui était enseigné dans ces écoles n'avait que très peu de rapport avec le vécu des élèves assis sur leurs bancs, surtout les enfants d'immigrés ou autres étrangers :

> Face à la diversité d'origines représentée par ces groupes d'immigrants, l'État français a toujours adopté une politique très claire d'intégration et de lutte contre le multiculturalisme. En accord avec la pensée philosophique républicaine de la nation indivisible, unifiant tous ses enfants sans distinction, le système éducatif français a eu tendance à enseigner les mêmes vieilles leçons à chaque nouvelle vague d'immigrants. Ainsi, si je puis me permettre de citer mon expérience personnelle, je me souviens très bien qu'au Lycée Français on nous faisait apprendre sans sourciller, à mes camarades et moi-même, qui étions pour la plupart des enfants d'émigrés francophones ou de diplomates des Nations Unies, la bonne vieille leçon qui commençait par « nos ancêtres les Gaulois », et cela alors qu'au moins la moitié des élèves venaient de la Côte d'Ivoire, de Suisse, du Vietnam, du Sénégal, de Belgique, du Liban, de Haïti, etc., et que l'autre moitié avait probablement aussi peu à voir avec les Gaulois.[314]

La tension entre la tendance universaliste de l'éducation française (ce que Lasser appelle « la pensée philosophique républicaine d'une nation indivisible, unifiant tous ses enfants sans distinction ») et la diversité d'origines des élèves du Lycée est un thème récurrent dans l'histoire de l'école ; c'est quelque chose que j'ai retrouvé très souvent dans les interviews que j'ai conduites avec les anciens élèves, les parents, et les officiels français qui ont participé à la gestion du Lycée.

Cependant, ainsi que l'observait Philippe Joutard (cité plus haut), le système éducatif français fait de plus en plus d'efforts pour prendre en compte les conditions locales.

Le Lycée s'est joint aux efforts du système éducatif français pour s'adapter aux contextes locaux et, au fil des années, a introduit plusieurs changements importants à son programme. Par exemple, depuis 1997 et surtout depuis l'introduction de l'OIB, le Lycée offre des cours d'anglais, d'histoire et de géographie régis par les normes pédagogiques américaines, plutôt que de simplement transposer le programme français. Il y a de fait eu de tous temps des désaccords sur le programme français enseigné au Lycée, surtout en ce qui concerne le programme d'histoire dont certains parents ont critiqué les erreurs ou un certain parti pris national français. Don Zivkovic, par exemple, raconte une anecdote où sa fille est rentrée de l'école en disant que les Français avaient gagné la bataille de Monte Cassino pendant la Deuxième Guerre mondiale ; Zivkovic a fait quelques recherches et découvert que, même si la bataille avait été dirigée par un général français, il commandait des troupes nord africaines, ce qui n'avait pas été mentionné en classe.[315]

Philippe Joutard explique que le programme français a tendance à se concentrer uniquement sur l'histoire de la France au détriment d'une histoire mondiale ou d'un compte rendu impartial des événements :

> Je prends un exemple : nous parlons de Charlemagne sans expliquer forcément que Charlemagne n'est pas simplement le roi des Français mais de l'Europe. Sa capitale n'était pas à Paris, qui était une toute petite ville, mais c'était Aix-la-Chapelle (Aachen), qui n'est pas du tout en France aujourd'hui. Et bien sûr ça par exemple, ça n'était pas forcément mis en valeur.[316]

Un moment du programme d'histoire de la France bien plus sensible et chargé politiquement concerne la période de la Deuxième Guerre mondiale et surtout la question de la collaboration entre le gouvernement de Vichy et l'Allemagne nazie et la déportation des Juifs de France :

> Tous les pays ont tendance à gommer les périodes négatives de leur histoire, surtout quand ils sont soumis à l'influence de

l'État. Il y a un exemple bien connu puisque ça concerne le rapport entre les Français et les Américains, c'est que ce fut un Américain, d'ailleurs professeur bien connu de Columbia University, Robert Paxton, qui le premier a osé dire que l'État français et l'administration française ont joué un rôle dans la déportation et l'extermination des Juifs parce que les Nazis avaient eu l'habileté d'utiliser les structures de l'État : la police, la gendarmerie [...] Cette histoire-là, qui est une réalité historique de fait, n'a pendant longtemps pas été enseignée. Il y a donc parfois une tendance dans l'histoire à voir uniquement les choses du point de vue français.[317]

Selon Joutard, le programme scolaire français a évolué sur ce point, et aujourd'hui, tous les élèves français suivent des cours sur la période de la collaboration pendant la Deuxième Guerre mondiale et sur les crimes perpétrés contre la population juive de France par le gouvernement de Vichy.

Plus récemment, l'école a commencé à donner de l'importance à d'autres langues en plus du français et de l'anglais et a adopté des méthodes pédagogiques plus modernes et plus américanisées ; elle reconnait le fait que la grande majorité de ses élèves sont destinés à faire leurs études supérieures dans des universités anglophones aux États-Unis ou au Canada plutôt que de rentrer en France s'inscrire dans une université ou une classe préparatoire aux grandes écoles. Beaucoup de ces changements ont eu lieu lorsque l'OIB fut introduit (1998) et ils furent suivis de modifications encore plus profondes du cursus de l'école. Nous en parlerons dans la section qui suit.

Le cursus français s'internationalise

Les changements initiés par le ministère de l'Éducation nationale créèrent les conditions de possibilité d'une plus grande mobilité des étudiants à travers l'Europe, et répondirent dans une certaine mesure aux pressions pour réformer l'enseignement des langues étrangères et des sciences. En 1988, la Conférence des recteurs européens, qui comprenait aussi des présidents d'université (appelés eux aussi « recteurs ») réunissant un petit groupe de pays (la France, l'Italie, l'Allemagne et le Royaume uni) s'élargit pour devenir le Processus de Bologne : l'accord conclu à Bologne et qui réunissait cette fois un groupe plus large de pays européens avait pour objectif d'encourager la mobilité de la population estudiantine à travers l'Europe en créant des normes européennes pour les diplômes universitaires. Le processus de Bologne concernait principalement les études supérieures et, entre autres nouveautés, créa le programme Erasmus qui offrait aux étudiants des échanges d'un semestre ou d'une année avec une autre université européenne :

> Le processus de Bologne est une étape importante de l'harmonisation de l'enseignement supérieur dans les pays de l'Europe. Il envisage la mise en place d'un système de diplômes communs, d'un système de crédits universitaires communs, la coopération en matière d'évaluation de la qualité, la promotion de la mobilité estudiantine, et d'autres choses encore. Les ministres de l'éducation chargés de l'enseignement supérieur de 29 pays européens ont signé la déclaration de Bologne en 1999. L'adoption du processus impulsa une série de réformes dans les pays des premiers signataires auxquels vinrent se joindre plus tard 18 pays supplémentaires. La formation de l'espace européen de l'enseignement supérieur (EEES) en 2010, qui avait été envisagée par le processus de Bologne, permit de renforcer encore les efforts pour constituer un niveau d'enseignement supérieur comparable dans tous les pays européens.[318]

Le processus de Bologne n'avait pas d'impact direct sur l'enseignement primaire et secondaire, mais, en instituant des accords en matière de normes pour l'enseignement supérieur, il créa la nécessité d'adapter l'enseignement secondaire pour le faire correspondre aux exigences en matière d'admissibilité dans les universités. Plusieurs initiatives furent amorcées en Europe et en France en particulier pour harmoniser les normes d'enseignement et les diplômes requis pour rendre le système français plus accessible aux jeunes Européens résidant en France. Cet « internationalisme » fit sans doute sa première apparition dans les efforts qui menèrent à la création de l'organisation du Baccalauréat international (IB). Quoique l'IB ait à l'origine été créé avec la participation de la France (un lycée public avait été parmi les 12 premiers établissements de 10 pays à introduire un programme de Baccalauréat international en 1970), le ministère de l'Éducation nationale refusa d'adopter le programme de l'IB qu'il considérait comme une tentative de privatisation, et dont il estima peut-être que les méthodes explicitement « progressistes » allaient contre les méthodes françaises plus « traditionnelles » de mémorisation, de classes centrées autour du maître, de contenu uniforme et de programme national plutôt que multiculturel.

L'IB est reconnu dans de nombreux pays mais le ministère de l'Éducation nationale refuse toujours d'adopter ses programmes. Pour lutter contre la concurrence que représente ce programme dont le succès n'a cessé d'augmenter (passant rapidement de 7 écoles en 1970 à plus de 4300 écoles en 2016), le ministère de l'Éducation nationale créa l'OIB, son propre programme international destiné aux élèves du secondaire, surtout des Européens et des Américains résidant en France : cela marquait une première ouverture du programme public français vers des élèves non français qui allait leur permettre de passer une partie des examens du Baccalauréat français dans une langue autre que le français. En général, les deux épreuves qui pouvaient être passées dans une langue autre que le français étaient l'épreuve de langue elle-même (la traditionnelle épreuve de langue vivante étrangère étant remplacée par une épreuve d'un niveau bien plus avancé) et l'épreuve d'histoire-géographie dont le programme restait français mais qui pouvait être passée dans une langue étrangère. D'autres sections créées récemment incluent les épreuves de mathématiques et de sciences passées dans une langue étrangère.

La création de l'OIB représente donc une réponse du système public national français aux efforts de « privatisation » du programme franchisé de l'IB ; elle mena à la création de sections américaines, britanniques et allemandes tant dans les écoles publiques que privées en France. Il y a aujourd'hui 16 « sections nationales » de ce type en France, et, dans chaque cas, un accord est négocié avec le pays partenaire. Alors que dans la plupart des cas, ces partenaires sont les ministères de l'éducation des pays respectifs, dans le cas des États-Unis et des sections américaines, l'ironie du sort fait que le partenaire national se trouve être une organisation privée à but non lucratif, le College Board : cette institution est reconnue dans tout le pays parce qu'elle élabore les épreuves du Advanced Placement (qui permettent aux élèves d'obtenir des crédits une fois admis à l'université) qui forment le cœur du programme d'enseignement de l'anglais aux États-Unis. Les sections britanniques par contre coopèrent directement avec l'organisation des Cambridge Assessment International Examinations.

Les sections OIB ont au départ représenté une ouverture pour les élèves européens faisant leur scolarité en France, mais elles sont aussi devenues une option intéressante pour les écoles du réseau français à l'étranger, dont le Lycée Rochambeau à Washington, D.C. et le LFNY : ces lycées ont adopté l'option américaine de l'OIB en 1998. À New York surtout, l'introduction de l'OIB marqua une adaptation du programme français qui devait aider à retenir la clientèle du Lycée qui n'avait pas l'intention de faire ses études dans une université en France mais qu'attirait une approche plus américaine de la littérature et de l'histoire ainsi qu'une meilleure préparation à l'enseignement supérieur en Amérique du Nord. On avertit certains élèves que l'OIB pouvait être un facteur en leur faveur pour leur entrée dans une université américaine : ainsi que le dit une des personnes interrogées dans mon enquête, « On nous a dit que les universités anglophones le considèreraient comme un plus. » Il n'est donc pas surprenant que l'OIB soit surtout populaire parmi les élèves américains et les anglophones, puisque plusieurs épreuves de l'examen se passent en anglais : « Les enfants bilingues nés aux États-Unis préféreront sans doute l'OIB qui exige une excellente maîtrise de l'anglais puisque beaucoup plus de matières sont évaluées en anglais. »

L'introduction du programme de l'OIB ne se fit pas cependant sans heurts et cela surtout parmi l'équipe des enseignants d'histoire-géographie qui, lors d'une réunion de département avec des officiels du ministère de l'Éducation nationale, « persuadés qu'ils possédaient la vérité historique et avec un mépris profond pour les professeurs américains qui enseignaient déjà au Lycée », se plaignirent que les professeurs américains ne pourraient jamais enseigner le programme d'histoire et de géographie car « les Américains ne savent pas comment enseigner l'analyse de documents aux élèves ».[319] Certains membres de l'équipe enseignante française tentèrent de décourager les élèves de choisir l'option parce que selon eux, ce n'était pas un « vrai baccalauréat ».[320]

Après l'OIB. Le Lycée prend de nouvelles directions

L'adoption de l'OIB marqua le début d'une nouvelle ère pour le Lycée, et cela de plusieurs manières. Selon Thalia Julme, une ancienne élève de l'école qui a répondu à notre enquête, « L'arrivée de l'OIB, ça a été énorme. » Robert Pine, un parent d'élève au Lycée de 1981 à 1995 et membre du Conseil d'administration de 1996 à 2010, voit dans ces changements un effort nécessaire de « modernisation » de l'école et juge en ces termes l'évolution du Lycée :

> Avant 1998, l'école se tenait d'assez près aux normes de l'enseignement français et pratiquait même un type d'enseignement déjà dépassé en France et des méthodes qui avaient été abandonnées en métropole. À partir de 1998, des efforts furent faits pour introduire de petits changements dans les normes de l'enseignement français et rendre l'école plus attractive à une clientèle new-yorkaise et aux universités américaines. Il est à noter cependant que ces changements s'effectuèrent en coopération avec les autorités du ministère en France, qui se servit du Lycée comme banc d'essai où expérimenter des idées qu'il aurait voulues mais ne pouvait pas explorer en France. Des initiatives comme la création d'un équivalent français de l'IB furent discutées d'abord au Lycée Français.[321]

Robert Pine pense aussi que la mission de l'école s'est transformée en même temps que le programme changeait :

> Avant 1998, la mission de l'école, lorsqu'elle était articulée, était de donner aux enfants résidant aux États-Unis une éducation française classique. Depuis lors, la mission a évolué : il s'agit d'offrir un enseignement français classique combiné avec les meilleurs éléments de l'enseignement américain. Cela a permis de conserver la rigueur du système français et d'y ajouter le travail d'équipe caractéristique des systèmes américains. Le sport, le service communautaire, les efforts pour créer un esprit de communauté au LFNY, ont réussi à créer une atmosphère plus ouverte à l'école tout en maintenant le niveau élevé d'exigence du cursus. Il faut remarquer aussi que furent appliquées des mesures prises par le Conseil d'administration, qui plaçaient les élèves au centre de la mission de l'école.[322]

L'identité même de l'école s'en trouva modifiée :

> Depuis 1998, [l'école] a élargi son identité pour la rendre un peu plus internationale ou américaine en modifiant légèrement le programme pour inclure certaines langues asiatiques et pour ajouter d'autres cours de type américain ; elle encourage des contacts actifs de type sportif et culturel avec des écoles américaines et elle prépare officiellement les élèves aux universités américaines et canadiennes aussi bien qu'à l'enseignement supérieur français et européen.[323]

De plus, et depuis la même année, l'école a fait des efforts pour orienter le programme vers le travail d'équipe en enseignant aux élèves le travail de groupe et en travaillant à développer leur sens critique. Selon Robert Pine, la forte augmentation des activités sportives intra-muros et des activités culturelles, impulsée par le nouveau chef d'établissement, Yves Thezé (2001-2011) a été particulièrement appréciée par les Américains si bien que ces changements peuvent en partie s'expliquer par l'américanisation progressive de la clientèle du Lycée. Plusieurs réponses à l'enquête indiquent que les sections OIB ont contribué à la transmission de valeurs américaines à l'école, exprimant le sentiment que, depuis l'introduction de l'OIB, le programme du Lycée s'américanise.

La clientèle du Lycée a aussi évolué : elle est plus permanente que par le passé surtout depuis que les nouveaux programmes au secondaire ont permis d'inclure un plus grand nombre de familles américaines et parce que les compagnies françaises envoient moins souvent les familles ne travailler que quelques années dans la région new-yorkaise. Joelle Reilly, une ancienne élève mais aussi professeur et parent d'élève au Lycée, explique :

> Pendant longtemps, le Lycée a été un passeport pour les familles qui voulaient vivre à l'étranger un moment et mettre leurs enfants dans une école semblable à celles de la France. Ce n'est plus ce que nous offrons aujourd'hui. Lorsque nous recrutons des familles nous sommes très clairs là-dessus : si vous voulez venir chez nous, vous devez vous engager. Vous ne venez pas simplement passer quelques années à New York. Il faut que vous ayez envie de voir vos enfants profiter

d'une expérience pédagogique différente qui sera aussi bien biculturelle que bilingue.[324]

Le programme aussi a évolué. Ainsi que Reilly le dit, « [le Lycée] a adopté des pratiques pédagogiques modernes comme l'apprentissage par projet »[325] qui contrastent fortement avec le programme plus traditionnel et les pédagogies encore en vigueur aujourd'hui dans la plupart des écoles du système français. Reilly dit aussi qu'elle a l'impression qu'un changement s'est opéré dans l'attitude « cynique » des enseignants français et des parents par rapport aux changements qui ont lieu et par rapport aux pratiques pédagogiques américaines : « Ils savent qu'au Lycée, ils trouveront des professeurs excellents et des méthodes d'apprentissage de pointe. »[326]

Certains ont très bien accueilli cette américanisation de l'école, surtout parmi la clientèle actuelle de l'école, mais elle a aussi suscité certaines réactions de nostalgie de la part de certains anciens élèves dans notre enquête. Beaucoup d'anciens élèves qui ont quitté le Lycée récemment disent avoir clairement perçu l'évolution vers des pratiques pédagogiques américaines et, selon l'une des réponses à l'enquête, « l'école est moins française maintenant et bien plus internationale ou bien comme une école privée américaine » ; les raisons qui sont citées dans ce cas incluent la grande importance accordée à la collecte de fonds et le plus grand nombre d'heures de cours en anglais.

Robert Pine signale aussi que l'année 1998 fut l'occasion d'une reconfiguration des rapports entre le chef d'établissement et le Conseil d'administration. Avant 1998, le chef d'établissement fonctionnait de manière quasi autonome : « La plupart des décisions étaient prises par le chef d'établissement puis ratifiées par le Conseil d'administration ... cela créait un climat d'autoritarisme. »[327] Depuis lors, le Conseil d'administration prend une part beaucoup plus active à la gestion au jour le jour de l'école ; il s'est arrogé la responsabilité d'établir la politique de l'école et le chef d'établissement, quant à lui, est chargé d'entériner et d'appliquer les décisions du Conseil. On peut donc dire en un mot que les parents et les membres du Conseil d'administration comme Pine considèrent que les changements qui ont accompagné l'introduction de l'OIB ont donné une nouvelle direction, plus internationale à l'école.

La *Prise en charge* : la courte vie d'une initiative radicale d'investissement dans les écoles à l'étranger

Les vingt dernières années ont aussi été témoin de changements importants dans le domaine du soutien financier que le gouvernement français apportait à l'école. La question du financement et le recours à la collecte de fonds privés a toujours pesé lourd dans la gestion du Lycée, mais pendant une très courte période, de 2007 à 2010, le gouvernement français, sous la présidence de Nicolas Sarkozy, a changé radicalement de cap par rapport à sa politique de soutien financier des écoles à l'étranger.

En 2007, le gouvernement français décida de participer de façon beaucoup plus active au soutien financier de ses écoles à l'étranger : le président Sarkozy introduisit un système de bourses scolaires gouvernementales pour les élèves inscrits dans les écoles du réseau de l'AEFE, baptisé *prise en charge*. Les élèves du Lycée étaient donc concernés comme les autres, mais ils en furent en fait les bénéficiaires privilégiés puisque les frais de scolarité de l'école étaient parmi les plus élevés de tout le réseau.

L'objectif de la *prise en charge* était de financer les études des élèves français et binationaux au niveau du primaire, du collège et du secondaire à l'étranger, en commençant avec les élèves de terminale pour couvrir peu à peu tous les niveaux. Les bourses étaient allouées à tous les citoyens français quel que soit le revenu familial. Les familles devaient déposer un dossier au Consulat attestant des autres bourses qu'elles percevaient et le Consulat couvrait le reste des frais de scolarité par paiement semestriels directs à l'école.

La *prise en charge*, à son apogée, concernait les classes de terminale, 1ère et 2nde. Elle avait été introduite en 2007-2008 pour les terminales, en 2008-2009 pour les élèves de 1ère et en 2009-2010 pour les élèves de 2nde. Mais en 2010, on mit fin à l'expansion du programme car les frais avaient augmenté de façon exponentielle. Et de fait, un rapport du Parlement présenté à l'Assemblée nationale en juin 2010 montrait que le coût moyen par élève de la *prise en charge* était passé de 3 472 Euros en 2007-2008 à 4 900 Euros en 2009-2010, une augmentation de 20,7%.[328] Le rapport calcula que si la *prise en charge* était étendue à l'ensemble des élèves du primaire et du secondaire, la charge pour le gouvernement s'élèverait à environ 700 millions d'Euros annuellement.[329] Le rapport conclut que le projet d'étendre la *prise en charge* à tous les niveaux était intenable, ce qui mit fin à son expansion dès 2010. Olivier Boasson exprime le même sentiment quand il explique que ce projet aurait été si coûteux qu'il avait peu de chances d'être soutenu : « Ça aurait pu représenter selon des estimations plusieurs centaines de millions d'euros. Donc c'était vraiment des sommes très importantes et évidemment, ça a généré beaucoup de réactions. »[330]

Un autre argument qui fut invoqué contre ce programme fut que certaines écoles, sachant que le gouvernement français couvrirait les frais des familles, profiteraient de la *prise en charge* pour augmenter leurs frais de scolarité. Selon Boasson, c'est exactement ce qui s'est passé dans certaines parties du monde et particulièrement aux États-Unis, où scolariser un enfant dans une bonne école coûte beaucoup plus cher que dans le reste du monde.[331]

La *prise en charge* creusa aussi un fossé entre les diverses communautés que les écoles françaises servaient puisque seuls les citoyens français avaient droit à cette bourse du gouvernement français. Le rapport parlementaire de 2010 mettait lui-même l'accent sur ce fait en critiquant assez sévèrement le mécanisme de la *prise en charge* dans la mesure où il pouvait être en violation des principes de non-discrimination, surtout dans le contexte de l'Union européenne.[332] Le rapport suggère aussi, de manière encore plus significative, que la différence de statut que la *prise en charge* créait entre les élèves français et ceux d'autres nationalités risquait de compromettre la mission de l'AEFE et de son réseau d'écoles à l'étranger. Par exemple, le rapport renvoyait à la responsabilité de l'AEFE de contribuer « notamment par l'accueil d'élèves étrangers, au rayonnement de la France et de la culture française », tout en aidant les Français et les familles d'autres nationalités à supporter le coût de la scolarisation au primaire comme au secondaire.[333] Les auteurs du rapport notaient que la *prise en charge* pouvait avoir un impact négatif sur la capacité de l'AEFE de mener à bien sa mission parce qu'elle risquait de réduire le nombre d'élèves étrangers qui s'inscriraient dans ses écoles :

> Or il est à craindre que, du fait de la mise en œuvre de la PEC, ces deux missions (aide aux familles d'expatriés d'une part, accueil d'élèves étrangers d'autre part) soient de moins en

moins compatibles. En effet, face au succès rencontré par la PEC auprès des familles françaises et binationales, on constate une diminution tendancielle du nombre d'élèves étrangers dans les établissements du réseau AEF.[334]

Le rapport identifie trois problèmes majeurs associés à la perte d'élèves étrangers, qui pourraient mettre en péril le principe même du réseau AEFE ; ces problèmes, selon le rapport, sont la conséquence directe de la mise en place de la *prise en charge* en 2007. Le premier problème est d'ordre financier puisque le budget de l'AEFE dépend dans une large mesure des frais de scolarité payés par les élèves étrangers aussi bien que français ; en diminuant le nombre d'élèves étrangers et en éliminant dans les faits tout revenu venant des élèves français, la *prise en charge* menaçait la viabilité économique de l'AEFE. Deuxièmement, le rapport note que la *prise en charge* a des effets négatifs sur la mission de l'AEFE de « contribuer au rayonnement de la France à l'étranger » puisqu'elle diminue le nombre d'élèves étrangers exposés à la culture française dans son réseau d'écoles. Enfin, le rapport suggère que la réduction du nombre d'élèves étrangers diminuerait aussi la possibilité d'échanges entre les cultures : « Enfin, elle priverait les élèves, les Français comme les étrangers, des richesses qui naissent de la rencontre de cultures différentes au sein d'un espace commun. »[335] En d'autres termes, l'AEFE, pour mener à bien sa mission, dépend de la diversité des cultures et des nations qui font partie de son réseau : c'est ce que la *prise en charge* mettait en péril en créant une distinction entre les familles françaises et les familles étrangères.

De plus, la *prise en charge* eut une conséquence supplémentaire, imprévue cette fois, qui concernait la contribution des compagnies privées aux frais de scolarisation des enfants de leurs employés à l'étranger. Avant la *prise en charge*, le fait qu'une entreprise se chargerait de payer les frais de scolarité des enfants d'un cadre envisageant une carrière à l'étranger, constituait un avantage très incitateur qui s'ajoutait aux conditions de rémunération offertes par l'employeur. Mais une fois que fut établie la *prise en charge* et que les frais de scolarisation à l'étranger des enfants de ces cadres furent assurés par le gouvernement français, les compagnies offrirent à leurs cadres une prime équivalant aux sommes qu'elles auraient déboursées pour la scolarité.[336] Selon Boasson, « [la *prise en charge*] a créé une distorsion de concurrence dans le recrutement des meilleurs cadres entre entreprises françaises et entreprises étrangères. »[337] De même, Joelle Reilly pense que « [Sarkozy] avait conçu ce pot-de-vin pour les entreprises » et que le but ultime de la *prise en charge* était « d'aider les entreprises avec leur personnel expatrié. »[338] Le rapport parlementaire de 2010 concourt, ses auteurs notant que « les entreprises privées sont susceptibles de bénéficier d'un effet d'aubaine les incitant à renoncer à leur responsabilité de financeur-(indirect) du réseau. »[339] Le rapport note aussi que le système n'est pas équitable puisque les familles aisées sont traitées de la même manière que les familles qui ont des moyens plus faibles et que sont exclues les familles dont les enfants sont à l'école primaire quels que soient leurs revenus, l'école primaire n'étant pas couverte par la *prise en charge*.

Au Lycée, les réactions à la *prise en charge* furent diverses. D'un côté, beaucoup de membres de la communauté du Lycée exprimèrent des critiques semblables à celles qu'énonçait le rapport parlementaire de 2010. Par exemple, Stéphane Haimo, président du Conseil d'administration, explique que « Cela a fait une chose terrible dans le sens où cela a créé une distinction entre ceux qui étaient français et ceux qui ne l'étaient pas, ceux qui payaient des frais de scolarité et ceux qui n'en payaient pas. » [340] Il critiquait aussi la manière dont la *prise en charge* agissait comme une subvention aux entreprises françaises à l'étranger, alors que cela n'avait pas été prévu ainsi : « [La *prise en charge*] était par certains aspects une forme masquée de subvention aux entreprises puisque ses bénéficiaires étaient parfois des entreprises privées françaises qui auraient dû payer leur part ... Elles s'en tiraient à bon compte. » [341]

D'un autre côté, la *prise en charge* fut une véritable aubaine pour les familles des classes moyennes avec des enfants au Lycée, surtout lorsqu'il y en avait plus d'un. Joelle Reilly, ancienne élève, professeur et parent d'élève au Lycée, était justement dans ce cas. Comme elle l'explique, « Pour une famille de revenus moyens, ç'avait été immense, parce que, pendant trois ans, le fardeau des frais de scolarité avait été vraiment allégé. »[342] Ici aussi, il faut le noter, ce fut particulièrement le cas aux États-Unis, où les frais de scolarité typiques d'une école française sont bien plus élevés que dans le reste du monde : en 2016-2017, les frais de scolarité au Lycée Français de New York s'élevaient à plus de 36 000 dollars par an, sans compter certains frais supplémentaires. La *prise en charge* finit par être abrogée par une loi du Parlement de juillet 2012, peu de temps après l'investiture du nouveau président, François Hollande ; elle fut remplacée par un programme de bourses.

Le Lycée Français au XXIe siècle

En 2017, le LFNY comptait plus de 1300 élèves de plus de 50 nationalités, de la toute petite section à la terminale. L'école continue de suivre le programme français et tous les niveaux, jusqu'au Baccalauréat, sont homologués par le ministère de l'Éducation nationale, mais elle offre aussi l'Option internationale du Baccalauréat français, le Baccalauréat Franco-Américain, et le High School Diploma américain.

Quoique le Lycée conserve des liens très étroits avec la langue et la culture françaises, l'école a, depuis quelques années, cherché à s'ouvrir de plus en plus sur le monde. La nouvelle mission du Lycée, sa « Mission et Vision », explique que l'école veut créer des « citoyens de culture et de courage » qui sont « chez eux à travers le monde », tout en restant « profondément attaché[es] à un enseignement bilingue français et américain de la plus haute qualité. » [343]

Sean Lynch, en tant que chef d'établissement, explique que cette priorité donnée à la culture est une idée très française mais que l'école veut étendre au-delà des frontières traditionnelles de l'Hexagone. Lynch compare sa vision pour l'école à une série de cercles concentriques à partir d'un centre constitué par la langue et la culture françaises auxquelles le Lycée a toujours été attaché ; une vision qui ressemble beaucoup à l'idée du rayonnement qui imprègne la diplomatie culturelle de la France :

> C'est la culture avec un C majuscule. C'est une idée qui est évidement un héritage français, l'idée que le savoir compte. [...] C'est tellement important pour nous, que nos élèves sachent ce qu'est la Culture, qu'ils comprennent la valeur qu'elle va avoir tout au long de leur vie et dans le monde, et qu'ils voient combien il est important de la transmettre. La Culture, ce sont aussi les cultures. Ce n'est pas que la culture française. Ce que nous essayons de faire depuis ces dernières années c'est d'élargir cette idée pour inclure la francophonie.

C'est vraiment important pour nous. C'est, pour ainsi dire, le premier cercle concentrique autour de la culture française.[344]

En élargissant l'idée de la culture française pour inclure la Francophonie, le Lycée ne fait que poursuivre sa longue tradition de service aux populations francophones en dehors de la France, surtout aux familles de diplomates africains ainsi que d'autres francophones à New York, y compris l'importante population haïtienne.

Lynch explique ensuite que le « deuxième cercle concentrique, c'est notre environnement immédiat, la ville de New York », une ville surtout anglophone mais aussi une grande ville très cosmopolite :

> Cet environnement est surtout américain mais il est aussi fait de toutes sortes de gens d'origines différentes qui viennent chez nous et qui ajoutent quelque chose à l'expérience. Et si on regarde l'OIB, [...] ça nous a vraiment donné une grande ouverture sans que nous n'abandonnions jamais notre attachement [à l'enseignement français].[345]

En effet, les changements apportés au Baccalauréat et les diverses adaptations que nous avons décrites dans ce chapitre ont permis au Lycée d'offrir un plus grand nombre d'heures de cours en anglais et d'adopter de plus en plus un type de pédagogie américain tout en adhérant toujours aux directives du programme scolaire français.

Lynch, tout en reconnaissant que des changements majeurs ont modifié la culture et le programme de l'école (surtout en ce qui concerne son orientation internationale et l'adoption de pratiques éducatives américaines) insiste que le LFNY n'abandonnera jamais son attachement à la promotion de la langue française et de la culture française. C'est ce qui explique, par exemple, que l'école a décidé de ne pas adopter de programme IB, et cela malgré le succès de ce programme dans beaucoup des meilleures écoles du monde :

> Je ne suis pas du tout pour l'IB pour notre école. Je pense que d'une certaine manière cela risquerait d'affaiblir une chose qui est très importante pour nous et qui est notre identité française. Ce n'est pas par patriotisme aveugle que je dis ça, c'est parce que je crois fermement que l'éducation française a quelque chose d'unique à offrir et que nous ne voulons pas la

diluer dans l'IB, pour aussi excellent que soit ce programme.[346]

En d'autres termes, le LFNY reste fondamentalement une école française tout en cultivant une orientation internationale et mondiale de plus en plus marquée. De la même manière, l'école a adopté plus de pratiques pédagogiques américaines sans jamais perdre de vue son attachement à la langue et la culture françaises.

Le Lycée a, de plus, modifié son programme et sa culture institutionnelle de façon très importante ; la nouvelle orientation selon Lynch, « se fonde sur la conviction que notre enseignement doit être centré sur l'élève ». [347] Lynch explique par exemple que le LFNY « a changé de façon radicale en s'orientant beaucoup plus vers l'apprentissage par projet, un apprentissage interdisciplinaire où l'élève est très actif et travaille sur des questions en rapport avec le monde d'aujourd'hui ».[348] Pour faciliter l'apprentissage par projet, le LFNY a construit un « makerspace » et des laboratoires multimédia dans son nouvel immeuble. En même temps, Lynch insiste que ces innovations pédagogiques ne vont jamais à l'encontre de la mission centrale de l'enseignement français : « Nous ne voulons pas perdre la légendaire "rigueur" du cursus français ; nous voulons au contraire qu'elle soit la plus progressiste que l'on puisse imaginer. » [349] Cependant, comme ses prédécesseurs Maurice Galy et Gérard Roubichou, Sean Lynch insiste sur le fait que l'école est entièrement autonome par rapport aux autorités françaises tout en partageant avec la France les mêmes valeurs et un même attachement à l'éducation française :

> Nos liens avec les autorités françaises sont d'ordre plus implicite. Nous savons que nous parlons la même langue et que nous partageons les mêmes valeurs, mais nous ne travaillons pas souvent ensemble sur des projets. Nous sommes très autonomes. Nous sommes une école indépendante ; personne ne nous dicte notre conduite. Personne. Nous prenons nos décisions nous-mêmes. Toutes ces réformes dont je vous ai parlé, nous les avons élaborées nous-mêmes.[350]

Cette autonomie permet au Lycée de mettre en œuvre son programme et ses méthodes avec une grande souplesse, tout en suivant les directives établies par le ministère de l'Éducation nationale français. Et il est peut-être vrai, comme certains le pensent, que le Lycée sert de laboratoire pour le ministère où expérimenter des pratiques pédagogiques de pointe qui ne passeraient pas en France ou, en tout cas, pas encore.[351]

La nouvelle orientation vers l'apprentissage par projet s'est accompagnée d'une renégociation des contrats des enseignants, avec des augmentations de salaire importantes pour beaucoup de membres de l'équipe des professeurs ; on est surtout passé à un horaire fixe avec des journées complètes, chose inconcevable en France, où l'on attend seulement des enseignants qu'ils soient présents aux horaires où ils ont cours et où ils n'ont pas de responsabilités annexes comme le conseil et le tutorat des élèves. Selon Robert Pine, certains de ces changements se dessinaient déjà sous la direction d'Yves Thezé, ancien proviseur :

> Lorsqu'Yves recrutait des professeurs, il leur disait ce que l'on attendait d'eux : vous serez à l'école tant de temps et vous serez un mentor pour vos élèves et vous les verrez individuellement. C'est votre rôle de professeur. Votre rôle n'est pas de monter sur l'estrade et de laisser le surveillant faire la discipline. Votre rôle, c'est d'être disponible.[352]

Le passage à un horaire fixe de 8 heures à 16 heures a été particulièrement épineux, mais Lynch insiste que « Nous avions absolument besoin d'un horaire centré sur les besoins et les possibilités des élèves plutôt que sur les besoins ou les préférences des enseignants. »[353] Certains de ces changements ont aussi été mis en œuvre dans les écoles en France, surtout sous Jean-Michel Blanquer, le ministre de l'Education nommé par Emmanuel Macron en 2017. Cela confirme peut-être ce que pense Robert Pine des écoles à l'étranger comme laboratoires d'expérimentation pour les écoles de France.

CHAPITRE VIII

Nouveaux publics et nouvelles directions pour les écoles françaises : les programmes de langue d'héritage et les filières à deux langues

En automne 2002, alors que j'entamais ma trentième année au Lycée, j'ai commencé à envisager un nouveau départ dans ma carrière. Or, j'avais choisi un moment opportun. En effet, c'était le moment où la construction du nouveau bâtiment du Lycée se terminait ; l'école déménagerait l'année suivante. Mes deux enfants continuaient maintenant leurs études dans de nouvelles écoles : ils avaient passé 12 ans au Lycée, parlaient couramment français, et ils avaient eu envie de découvrir ce que l'enseignement américain pouvait leur offrir. Et mon mari, qui avait été membre du Conseil d'administration de l'école pendant cinq ans, avait quitté ses fonctions. Alors, en juin 2003, à l'aube d'un nouveau chapitre pour l'école, j'ai pris ma retraite et commencé à réfléchir aux options qui pourraient m'intéresser.

Un moment opportun, oui, et cela de plusieurs manières, comme j'allais le découvrir. En France, le ministère des Affaires étrangères s'intéressait de plus en plus à développer des initiatives au sein des communautés d'immigrants francophones aux États-Unis, des immigrants qui, surtout pour des raisons d'ordre financier, n'avaient pas accès à des écoles privées comme le Lycée Français. A New York, lors d'un dîner, une conversation avec le Conseiller culturel français, Jean-René Gehan, mena à une rencontre avec l'attaché linguistique des Services culturels à New York, Fabrice Jaumont et avec Chantal Manès, qui dirigeait le bureau de l'éducation de l'Ambassade de France à Washington. D'autres réunions suivirent avec des professeurs de la New York University qui s'intéressaient à la création de programmes bilingues, puis enfin, avec le proviseur de la Manhattan International High School, une école qui accueillait des immigrants récents, et avec des élèves francophones d'Afrique de l'Ouest.

Ce qui décida de ma nouvelle carrière fut la visite à l'école, en juin 2005, de l'Ambassadeur Philippe Etienne, qui, ayant été témoin de l'enthousiasme général des élèves, du proviseur et de notre petite équipe de volontaires, établit un poste entièrement financé de professeur français chargé de coordonner un programme d'action qui deviendrait le Programme français de langue d'héritage (French Heritage Language program). Quant à moi, en tant que présidente du Comité consultatif, je me mis au travail pour assurer le bon financement et l'expansion du programme. Cette initiative, qui fait partie d'un effort plus large pour toucher ceux que la France appelle *nouveaux publics*, se poursuit aujourd'hui et fait partie intégrante des efforts d'adaptation et de modernisation de la diplomatie culturelle française.

La diplomatie culturelle française a réagi à des moments de crise de par le passé et continue à le faire dans le monde en évolution du XXIe siècle. La France a cultivé la faveur des cours étrangères sous l'Ancien Régime et œuvré à institutionnaliser le français comme langue de culture et langue de la diplomatie ; ensuite, après la Révolution, le français est devenu la langue des valeurs universelles des droits du citoyen et de la République. Ayant subi une défaite humiliante en 1870 et ayant perdu l'Alsace-Lorraine, la France réagit en étendant son Empire et sa *mission civilisatrice* à l'Afrique et à l'Asie ; elle étendit la présence du français outre-mer et continua, longtemps après la décolonisation, de promouvoir le français dans le monde par l'exercice de sa *diplomatie douce*. De même, les années qui suivirent la Deuxième Guerre mondiale furent témoin d'une relance des efforts pour rendre à la France (et à la langue française) un rôle de premier rang dans le monde de la Guerre froide. Plus récemment, l'attitude de la France par rapport à la Guerre en Irak et ses efforts pour promouvoir et conduire un multilatéralisme européen (c'est le terme qu'emploie le Président Emmanuel Macron) influencent le renouveau, les changements et l'évolution du rôle des écoles françaises et de l'enseignement français à l'étranger et particulièrement à New York.

À New York, à l'aube du XXIe siècle, le Lycée Français et les autres écoles privées françaises liées (directement ou indirectement) au gouvernement français continuaient d'attirer des élèves et de croître, même si les relations franco-américaines semblaient incertaines. Il devenait en même temps de plus en plus évident, aussi bien pour les Services culturels de l'Ambassade de

France que pour d'autres secteurs du gouvernement, ainsi que pour les membres de la communauté française expatriée, qu'il fallait faire plus si l'on voulait maintenir la présence de la langue et de la culture française aux États-Unis. Ce chapitre examinera certains de ces défis émergeants ainsi que les solutions que les autorités françaises y ont apporté pour continuer de soutenir le statut du français aux États-Unis au XXIe siècle et pour élargir l'accès aux programmes français aux expatriés ainsi qu'à d'autres clientèles.

Les défis auxquels fait face l'enseignement
français aux États-Unis

Au début du XXIe siècle, le réseau des écoles françaises à l'étranger et même, plus généralement, la stratégie de la diplomatie culturelle de la France aux États-Unis durent faire face à plusieurs défis importants : un froid dans les relations entre la France et les États-Unis à l'occasion de la guerre contre l'Irak : des frais de scolarité trop élevés et la capacité insuffisante des écoles françaises ; des changements d'ordre démographique des locuteurs de français aux États-Unis.

Après un élan de solidarité et une grande manifestation de soutien aux États-Unis lors des attentats du 11 septembre 2001, la France subit tout à coup les effets de son opposition à la guerre en Irak et sa réputation en fut diminuée : les frites (French Fries) furent rebaptisées Freedom Fries (frites de la liberté) ; on versa des bouteilles de vin français dans les rues en signe de patriotisme anti-français. Le président Jacques Chirac, accompagné par le ministre des Affaires étrangères, Dominique de Villepin (lui-même un ancien élève du Lycée) profita de la cérémonie d'inauguration des nouveaux bâtiments de l'école pour essayer de désamorcer la situation qui résultait du refus spectaculaire de la France d'approuver la résolution des Nations Unies autorisant l'intervention militaire en Irak au printemps 2003. Dans son discours, Chirac déclara : « Les événements des derniers mois ont provoqué, c'est vrai, quelques tensions dans les relations entre nos deux pays. À tous je voudrais dire ici ma conviction. L'amitié entre la France et les États-Unis [...] est solidement enracinée dans les profondeurs de notre histoire... » S'adressant à plusieurs centaines de parents, de professeurs et de personnalités françaises et américaines, il les assura que « Cette amitié entre nos peuples sera toujours plus forte que les divergences. »[354] Le Lycée Français, dit-il, était lui-même un symbole des liens profonds qui unissent les deux pays.

À New York, cette manifestation passagère de colère contre la France n'eut pas d'effet sur les inscriptions dans les écoles françaises et, de fait, les écoles de New York à programme français manquèrent de place. Malgré des frais de scolarité élevés, le Lycée Français par exemple eut, tout au long des années 2000, de longues listes d'attente pour chaque niveau, de la toute petite section jusqu'à la terminale, même après l'ouverture d'une nouvelle aile et l'achat de nouveaux bâtiments pour augmenter sa capacité d'accueil.

Au même moment, des quartiers de New York comme Caroll Gardens à Brooklyn, West Harlem et le South Bronx accueillaient une population grandissante de francophones, non seulement des Français mais aussi des Haïtiens et des ressortissants d'Afrique de l'Ouest qui désiraient préserver le patrimoine linguistique de leurs enfants tout en les aidant à s'adapter au nouveau contexte anglophone où ils allaient grandir.

Enfin, la primauté et le prestige du français—comme langue étrangère de choix dans les lycées et à l'université—se trouvait tout à coup mise en péril par la présence croissante des programmes de langue chinoise, et principalement des Instituts Confucius soutenus par le gouvernement chinois qui en 2004, établirent plus de 100 programmes aux États-Unis. Ces programmes continuent de grandir et touchent maintenant de nombreux établissements de la maternelle à la terminale en plus des programmes universitaires, si bien qu'ils attirent des élèves américains qui auraient pu choisir le français comme langue étrangère au niveau secondaire ou supérieur.

Nouveaux publics.
Le Programme de français langue d'héritage

Au début de 2004, les attachés de l'Ambassade de France pour l'éducation à Washington et les Services culturels de New York entamèrent une réflexion sur les moyens d'attirer les « nouveaux publics » et développer les programmes de langue française. Selon Fabrice Jaumont, attaché linguistique aux Services culturels de l'Ambassade de France à New York, ces « nouveaux publics » pourraient profiter de la création de programmes entièrement nouveaux. Par exemple, une des idées mise en avant par l'ambassade à Washington fut le « French for Spanish speakers » qui s'adressait aux écoles publiques de Californie où l'apprentissage du français était en déclin face à la montée du mandarin. Un autre public que l'on pouvait atteindre était les élèves francophones de plus en plus nombreux vivant aux États-Unis, surtout à New York, Boston et Miami, qui étaient mal servis par les programmes de français langue étrangère conçus pour un public américain dans les écoles publiques américaines.

En novembre 2004, des représentants de l'Ambassade de France, de diverses fondations et de la New York University se réunirent pour dresser les plans d'un projet pour servir ces immigrés récents inscrits dans les écoles publiques de New York. C'est ainsi que naquit le French Heritage Language Program (FHLP), un partenariat entre l'Ambassade de France et la fondation French American Cultural Exchange (FACE) ; le programme, lancé en 2005, avait pour but d'offrir aux élèves originaires de pays francophones scolarisés dans les écoles publiques de New York un savoir linguistique et culturel enrichissant tout en facilitant leur apprentissage de la langue anglaise. Ce partenariat public-privé existe toujours aujourd'hui : le FHLP bénéficie d'un soutien direct du gouvernement français, qui paie le salaire d'un coordinateur chargé de l'ensemble du pays à l'Ambassade de France à New York, mais il dépend aussi d'un certain nombre de partenariats public-privé avec des écoles et d'autres organisations, dont des fondations privées. Ces élèves, comme ceux du Lycée Français et d'autres écoles françaises privées, sont régulièrement invités à l'Ambassade à des cérémonies de fin de scolarité et de remise de prix, ainsi qu'à d'autres occasions.

L'objectif principal du programme était de promouvoir le bilinguisme en aidant les élèves à conserver ou enrichir leurs compétences linguistiques en français et à maintenir des liens avec leurs cultures et leurs identités respectives, tout en leur donnant les meilleures chances de réussir dans leur nouvel environnement. La création du FHLP a donc permis aux programmes français d'atteindre de nouveaux groupes d'élèves qui étaient dans l'impossibilité d'assurer les frais de scolarité élevés des écoles françaises privées de New York, mais qui voyaient avec enthousiasme la possibilité de conserver leurs compétences linguistiques en français. La plupart de ces élèves, qu'ils soient du

Mali, du Sénégal, de la Côte d'Ivoire ou d'autres pays d'Afrique de l'Ouest, avaient été d'abord scolarisés en français et étaient donc mal servis par des cours de langue étrangère comme on en trouvait ordinairement dans les lycées américains.

La Manhattan International High School, qui sert uniquement un public d'immigrants récents qui sont des apprenants d'anglais, fut la première à lancer le FHLP, d'abord comme option après les cours, en automne 2005. Certains élèves étaient des réfugiés de pays africains comme la République démocratique du Congo, la Guinée, la Sierra Leone, le Mali et la Côte d'Ivoire et la guerre avait interrompu leurs études. Ces élèves avaient du mal à acquérir les bases de la lecture et de l'écriture en anglais, et les proviseurs de ces écoles furent heureux d'accueillir le programme français comme moyen de faciliter l'accès à l'alphabétisation et permettre ensuite l'apprentissage de ces compétences en anglais.

Une série de rencontres avec les élèves et les enseignants du lycée mit en lumière l'importance du programme pour les élèves. En effet, beaucoup d'élèves avaient le sentiment de « perdre » leur français ou bien d'avoir du mal à acquérir le haut niveau de compétence linguistique qui leur permettrait de réussir dans un environnement français ; beaucoup d'entre eux exprimèrent le désir de retourner un jour dans leur pays d'origine ; tous espéraient poursuivre leurs études au-delà du secondaire. [355] La maîtrise du français pouvait représenter un atout important pour les élèves qui désiraient poursuivre leurs études au Québec, en France, ou bien dans les pays de langue française où ils étaient nés, comme le Sénégal, le Mali ou Haïti.

Un autre projet visant les quartiers francophones de New York fut lancé en 2008 par un groupe de familles françaises expatriées auquel se joignit Katrine Watkins, ancien proviseur de la French American School of New York (FASNY) et qui avait aussi enseigné au Lycée Français. Watkins proposa de créer une école publique sous contrat, la New York French-American Charter School (NYFACS) qui s'ouvrirait dans un quartier à forte population francophone et qui offrirait aussi bien des classes d'immersion en français qu'un programme de langue héritage. Aidés et soutenus par l'Ambassade de France et un groupe de parents motivés qui avaient fondé une organisation baptisée Education en français à New York (EFNY), ils organisèrent des tables rondes pendant l'été 2008 pour discuter de la création d'un programme bilingue français gratuit à l'intérieur du système public. Beaucoup d'entre eux avaient déjà participé de façon active à la création de programmes français après l'école pour leurs propres enfants avec le soutien de plusieurs agences du gouvernement français, et grâce à une bourse spéciale accordée aux « Programmes de français langue maternelle ».

NYFACS, première école publique sous contrat bilingue française aux États-Unis, fut officiellement agréée par le New York Board of Regents en septembre 2009 et offrit ses premières classes en septembre 2010. Située à Harlem, dans un quartier où se sont installés beaucoup de familles d'immigrés d'Afrique de l'Ouest (au point qu'on l'appelle souvent « Little Sénégal ») l'école s'est agrandie et enseigne maintenant tous les niveaux du primaire (de la petite section au CM2) et l'état de New York a renouvelé son contrat.

NYFACS propose un programme de double immersion avec un cursus bilingue et pluriculturel. La première année de son ouverture, elle a servi 150 élèves de la maternelle au CE1, et cinq ans plus tard, elle comptait 300 élèves de la maternelle au CM2. Dès 2018, l'école a commencé à chercher de nouveaux locaux pour accommoder cette expansion. Les élèves scolarisés à NYFACS sont un reflet de la diversité de la population du district, le Community School District 5, avec une grande variété de langues parlées à la maison : 20% parlent français ; 40% anglais ; 10% espagnol ; 30% viennent de familles bilingues où sont parlés le français, l'anglais, le créole d'Haïti, le wolof, le bambara ainsi que d'autres langues d'Afrique de l'Ouest.

La mission de NYFACS est de « produire des citoyens du monde, bilingues et biculturels, qui seront les leaders de demain. »[356] L'école s'efforce d'allier le niveau d'exigence et la rigueur caractéristiques du système éducatif français avec des approches américaines qui valorisent l'originalité et la pensée critique. De la maternelle au CE2, la langue d'enseignement est, à 75 ou 80%, le français (lecture et écriture du français, sciences, histoire, art, musique) avec l'anglais à hauteur de 20 ou 25% (lecture et écriture en anglais, mathématiques, anglais langue étrangère selon les besoins). L'objectif étant d'atteindre 50% d'enseignement en français (littérature et composition françaises, sciences, histoire et géographie, art, musique) et 50% en anglais (littérature et composition anglaises et américaines, mathématiques, histoire, éducation physique, anglais langue étrangère ou français langue étrangère selon les besoins) au collège.

Comme le montrent la création de la NYFACS et du FHLP, les efforts combinés de partenaires multiples permettent d'aboutir à la création d'un assez vaste échantillon de possibilités pour le bilinguisme français à New York, des possibilités qui, en fait, ouvrent des espaces éducatifs où atteindre des objectifs bien plus vastes que maintenir simplement la langue parlée à la maison ou la langue d'héritage comme le font certains programmes bilingues, ou la maîtrise d'une langue étrangère que proposent les programmes d'immersion. En effet, le dynamisme de ces communautés pluriethniques qui se sont alliées pour créer ces programmes a aussi permis de renforcer l'acquisition de l'anglais ; les résultats ont été impressionnants, ainsi que le montrent les scores élevés obtenus aux examens de l'état de New York par les élèves de CE2.[357]

Le FHLP et la NYFACS ont réussi à ouvrir plusieurs voies à l'enseignement français à New York, au-delà des écoles privées liées directement au gouvernement français. L'initiative, pilotée par des parents, qui a mené à la création de la NYFACS, est au cœur de la « révolution bilingue » qui a lieu à New York ; le terme est apparu dans plusieurs articles de journaux ; c'est le titre que Fabrice Jaumont a choisi pour son livre, *La Révolution bilingue*.[358]

La Révolution bilingue

Jusque dans un passé récent, les familles de ressortissants français résidant à New York avaient le choix entre quatre écoles bilingues privées : le Lycée Français de New York, la United Nations International School qui offre une section française bilingue ainsi que des sections dans d'autres langues, la French-American School of New York, et le Lyceum Kennedy. Ces écoles permettaient aux familles d'offrir à leurs enfants la possibilité à la fois de maîtriser la langue française et de passer le baccalauréat à la fin de leurs études s'ils le désiraient mais aussi d'acquérir un très haut niveau de compétence en anglais. Mais, à la fin des années quatre-vingt-dix, la région de New York vit affluer un grand nombre de jeunes familles françaises qui n'avaient pas les moyens de payer ni les loyers de Manhattan ni les frais de scolarité très élevés de ces écoles.

Au même moment, certains quartiers de la ville de New York accueillirent des populations francophones de plus en plus nombreuses, non seulement des ressortissants français mais aussi des Haïtiens et des ressortissants de pays d'Afrique de l'Ouest qui espéraient à la fois conserver les compétences linguistiques de leurs enfants et leur permettre de s'adapter au nouvel environnement anglophone. Toutes ces familles s'étant mises à explorer la possibilité d'ouvrir des filières de français dans les écoles publiques de leurs quartiers, il en résulta une synergie remarquable entre partenaires divers ; français, francophones et francophiles. L'Ambassade de France, diverses fondations américaines, le Bureau du New York City Department of Education chargé des apprenants d'anglais, ainsi que des associations comme EFNY, travaillèrent ensemble pour établir des programmes bilingues français-anglais dans les écoles publiques de la ville ou dans des organisations émanant des communautés locales. Soutenues et encouragées par les services culturels de l'Ambassade de France à New York, les associations de parents jouèrent un rôle primordial dans la promotion des programmes bilingues français-anglais : elles ont réussi à générer le soutien de la communauté élargie des francophones et du gouvernement, indispensable pour assurer l'avenir de ces programmes innovateurs dans les écoles privées aussi bien que publiques.

L'International School of Brooklyn est un bon exemple du rôle important que jouent les parents dans ce processus. En réponse à dix familles d'expatriés français installées dans le quartier de Prospect Heights à Brooklyn qui s'étaient organisées pour l'obtenir, l'école créa d'abord des garderies immersives à Park Slope, Cobble Hill et Brooklyn Heights (des quartiers de Brooklyn) tout en préparant l'ouverture d'un programme préscolaire. En septembre 2005, ISB lança un programme privé préscolaire qui accueillit 16 élèves la première année. Aujourd'hui il sert 200 enfants, non seulement de familles où l'on parle français, mais aussi de familles hispanophones et même de familles anglophones qui désirent que leurs enfants apprennent le français ou l'espagnol.

Peu de temps plus tard la même année fut créée EFNY, encore une fois à l'initiative de parents expatriés français. Leur objectif était de pouvoir partager la langue française avec leurs enfants et d'offrir aux familles des options abordables financièrement pour éduquer leurs enfants en français. Ils démarrèrent en proposant des cours périscolaires dans les écoles publiques de quartier, encadrés par des volontaires. Ces programmes bénéficièrent du soutien financier du gouvernement français, et, plus spécifiquement, de celui de l'AEFE. Ainsi que nous l'avons dit au chapitre VI, l'AEFE chapeaute plus de 461 écoles hors de France dont 50 aux États-Unis. À cela s'ajoutent les allocations spéciales accordées aux classes de Français Langue maternelle (FLAM) là où aucune école française n'est accessible aux ressortissants français. Les écoles publiques mirent leurs locaux à disposition gratuitement, d'autant plus qu'elles-mêmes bénéficiaient de ces nouveaux programmes d'activité périscolaires qui attiraient souvent des parents en dehors de ceux d'EFNY. Tous ces facteurs (la mobilisation des parents et des volontaires d'EFNY, les locaux gratuits, le financement FLAM) permettent au programme périscolaire de maintenir des coûts de fonctionnement assez bas.

Les parents d'EFNY, cherchant à obtenir plus que la simple option périscolaire de français et désirant offrir un programme bilingue complet à leurs enfants, se mirent à explorer des moyens d'ouvrir des programmes bilingues dans certaines écoles publiques au niveau du primaire et du collège. Ces parents étaient contre l'école privée, à la fois à cause du coût très élevé (les frais de scolarité sont en moyenne de 36 000 dollars par an) mais surtout par adhésion au principe de l'éducation gratuite et par conviction que les écoles publiques doivent être au service de la communauté. Cherchant donc une option publique, ils entamèrent des discussions avec les proviseurs de certaines écoles de quartier qu'ils avaient ciblées et, pour obtenir un soutien financier, s'adressèrent à l'Ambassade de France et au ministère français de l'Education nationale. En 2008, un groupe de parents associés à EFNY créa une nouvelle association baptisée Friends of New York French-American Bilingual and Multicultural Education avec pour objectif de fonder une école bilingue français-anglais sous contrat avec des classes de la maternelle à la terminale. La règlementation de l'état de New York exigeait que le projet démontre qu'il était soutenu par une communauté de familles suffisamment importante. C'est pourquoi le groupe chercha des appuis parmi les autres communautés de langue française, dont certaines avaient déjà pris contact avec les initiatives de programme français à deux langues et de langue héritage. Lors de séances publiques les organisateurs purent présenter plus de 155 signatures de parents dont les enfants à scolariser permettraient d'atteindre le volume de recrutement optimal. Le projet d'école reçut aussi 26 lettres de soutien de responsables locaux, de fondations et d'associations locales.

De plus, des lettres de soutien furent aussi fournies par des professeurs de New York University, de Columbia University et de la City University de New York. Le département de l'Éducation de la ville de New York envoya une lettre d'information et fit paraître une annonce dans son site web pour notifier le public et les écoles indépendantes de la demande qu'on lui avait soumise. Enfin, lors d'une séance publique le 12 février 2009, le projet fut entériné. Et c'est ainsi que fut créée la New York French-American Charter School (NYFACS) que nous avons décrite plus haut.

Les initiatives bilingues françaises dans les écoles publiques de New York

En septembre 2007, trois écoles ouvrirent les premiers programmes bilingues français à deux langues (DL) de l'histoire de la ville : une école élémentaire à Brooklyn, une autre à Manhattan et un collège dans le Bronx. Ces programmes n'avaient pas pour but de servir seulement les familles françaises à l'origine de l'EFNY, mais aussi de servir les besoins d'un nombre grandissant d'enfants de familles récemment immigrées qui parlaient français, de futurs bilingues, puisqu'ils sont aussi des apprenants d'anglais (English Language Learners). Dans les quatre années qui ont suivi la création de ces premiers programmes, quatorze écoles supplémentaires ont ouvert des filières françaises à deux langues au niveau du primaire, et au moins trois autres pensent le faire dans les quatre prochaines années. Ces programmes en français et en anglais sont conçus pour des élèves francophones, anglophones, et bilingues français-anglais aussi bien que pour des élèves qui ne parlent pas ou presque pas anglais. Chaque école assure son propre recrutement. En 2017, le réseau de ces écoles à deux langues s'était étendu jusqu'à comprendre 12 écoles primaires, un collège et un lycée. Quoique ces écoles publiques ne fassent pas partie du réseau d'écoles françaises et n'aient pas de lien avec les agences gouvernementales françaises qui gèrent le réseau (la MLF et l'AEFE), le gouvernement français y a trouvé un intérêt évident et leur apporte un soutien. En automne 2017, le tout nouveau président, Emmanuel Macron, en visite à New York à l'occasion de l'Assemblée générale des Nations Unies, se fit un point d'honneur d'assister à une cérémonie au Graduate Center de la City University of New York (CUNY), une institution publique, pour inaugurer un fonds de soutien de deux millions de dollars pour les programmes français à deux langues ; le fonds serait alimenté principalement par des entreprises ou des fondations privées comme Chanel, Bic, et la Fondation Florence Gould. Le fonds a pour objectif de continuer à générer un soutien financier non seulement pour les programmes à New York mais aussi dans tous les États-Unis.

Vu de Paris en passant par Washington

Le rôle du réseau d'écoles françaises et la promotion du français comme langue étrangère dans les écoles publiques à l'étranger reste toujours aujourd'hui l'objet d'études et de rapports au Parlement et dans d'autres agences gouvernementales à Paris ; ces études vont au-delà de celles qu'avait conduites l'AEFE, qui a de son côté continué d'élargir le champ de ses activités au fur et à mesure que s'agrandissaient le nombre et la taille des écoles dont elle s'occupe. Comme toujours dans ces études le centre de préoccupation est non seulement les écoles comme celles de New qui sont largement autofinancées (tout en bénéficiant d'assez généreuses subventions du gouvernement destinées aux familles françaises) mais aussi comment maintenir le prestige du français comme langue étrangère dans les écoles et les universités des États-Unis et ailleurs dans le monde. La préoccupation touchait aussi bien sûr le financement de toutes ces initiatives. Comme nous l'avons dit plus haut, une de ces études, commandée par la Cour des comptes en 2003 puis à nouveau en 2005, comprenait une enquête détaillée menée dans plus de 180 villes de 115 pays sur tous les continents, y compris l'Australie et la Nouvelle Zélande. Aux États-Unis, l'enquête portait sur les neuf villes où se trouve un consulat français, Atlanta, Boston, Chicago, Houston, Los Angeles, Miami, New York, San Francisco et Washington, qui ont toutes des écoles françaises appartenant au réseau de l'AEFE. À New York, les réponses (plus de 970 familles avaient été consultées) révélèrent un mécontentement assez général : les frais de scolarité étaient trop élevés et les bourses accordées par le gouvernement trop faibles : « c'est un système où il faut être ou très riche ou très pauvre », répondit une famille pour laquelle l'aide gouvernementale était passée de 100% des frais de scolarité lors de la prise en charge sous Sarkozy à 34% l'année suivante. Beaucoup de familles disaient aussi préférer le système éducatif américain « plus ouvert » ; selon elles, le système éducatif français était « rigide et peu encourageant, favorisant trop le bourrage de crâne ». [359]

De fait, l'étude réalisée aux États-Unis montre que les familles françaises expatriées ou binationales qui n'avaient pas scolarisé leurs enfants dans une école française donnaient comme raison de leur choix une préférence pour le système éducatif américain et surtout pour l'enseignement supérieur américain, même lorsque les frais élevés de la scolarité dans les écoles privées n'entraient pas en compte. Ces critiques semblent venir en écho aux thèmes d'ensemble abordés non seulement dans les rapports concernant l'avenir de l'enseignement français à l'étranger, mais aussi dans les débats au sein de l'Éducation nationale en France : en janvier 2018, le ministère annonça une réforme complète des programmes du lycée et des examens du baccalauréat, qui serait mise en place dès l'automne 2019. C'étaient les premiers changements majeurs depuis 1994.

D'après Fabrice Jaumont, l'actuel attaché linguistique aux Services culturels de l'Ambassade à New York, ces études conduisirent aussi à l'élaboration d'un rapport détaillé sur l'avenir de l'enseignement français et de l'enseignement de la langue française aux États-Unis (2015-2025), préparé par Mark Sheringham et Jean-Claude Duthion, attachés de coopération éducative auprès de l'Ambassade de France à Washington, D.C. Sheringham était responsable des 45 écoles françaises de l'Amérique du Nord ; Duthion était chargé de la promotion générale du français, surtout dans les écoles d'Amérique du Nord (un autre département était chargé de coordonner la promotion du français dans l'enseignement supérieur ainsi que dans les programmes d'échanges universitaires). [360]

Ce rapport ambitieux, intitulé « Stratégies éducatives de la France aux États-Unis 2015-2025 », définit les perspectives qui s'ouvrent aux écoles françaises et à l'enseignement du français dans les dix années à venir. Se penchant sur la situation de la France et du français dans le contexte des États-Unis, les auteurs rappellent qu'à l'aube du XXIe siècle les États-Unis étaient la plus grande puissance du monde, « politiquement, économiquement et culturellement » et que ses relations avec la France avaient toujours été étroites mais complexes. La réaction hostile causée par le refus de la France de participer à la guerre en Irak avait certes été suivie d'un certain « rapprochement », mais l'attitude américaine envers la France restait dans l'ensemble plutôt « ambiguë ». C'était la raison pour laquelle, selon les deux diplomates experts de l'éducation, l'enseignement du français, qui, selon eux, était la langue étrangère la plus populaire dans les écoles et les universités, devait être considéré comme « un outil majeur de notre politique d'influence ». [361]

Les auteurs du rapport notaient aussi l'augmentation du nombre des locuteurs de français aux États-Unis, due à la fois à l'immigration issue de pays francophones et à la présence grandissante de ressortissants français expatriés et faisaient remarquer que ces expatriés récents avaient clairement l'intention de rester aux États-Unis sur le long terme. Avec plus de 300 000 ressortissants expatriés aux États-Unis, le rapport concluait que soutenir ces familles en leur offrant la possibilité d'éduquer leurs enfants en français devait être « un objectif primordial de notre stratégie diplomatique à l'égard des États-Unis ». [362]

Cette volonté affirmée de soutenir les ressortissants français expatriés en leur offrant des solutions pour éduquer leurs enfants en français coïncide aussi, ainsi que le font remarquer les auteurs, avec une prise de conscience grandissante aux États-Unis des avantages de l'acquisition d'une langue étrangère. Cependant, le rapport admettait que dans l'ensemble du territoire américain, l'apprentissage d'une langue étrangère n'était pas une priorité dans les écoles publiques, surtout au primaire et au collège et que, même au secondaire, le français était en concurrence avec l'espagnol et depuis quelques années, le mandarin. En conclusion, le rapport recommandait de mieux exploiter la ressource que représentent les écoles privées presque entièrement autofinancées et, à la fois, d'investir plus largement dans les nouveaux programmes des écoles publiques qui servent les familles expatriées à relativement peu de frais pour le gouvernement français.

CHAPITRE IX

Conclusion

Beaucoup de chercheurs se sont efforcés d'élucider et de définir les éléments constitutifs de l'identité nationale de la France, en se concentrant surtout sur les questions cruciales de nationalité, d'identité et de citoyenneté.[363] Ces études ont retracé l'histoire politique et juridique de la citoyenneté, de l'assimilation et de la reconnaissance ainsi que de la pratique de la citoyenneté en France ; s'y sont joint un grand nombre d'études plus récentes qui explorent de nouvelles questions liées à l'ethnicité, la religion et la langue.

Mes recherches ont eu pour objectif de replacer ces questions dans le domaine de l'éducation, et au-delà de l'enseignement en France, à la pratique de l'enseignement français à l'étranger, à New York spécifiquement. C'est-à-dire dans une ville où une communauté constituée depuis longtemps et toujours grandissante, faite de citoyens français, de francophiles américains et de membres de l'élite internationale, a participé ct participe encore à la promotion de la langue française et de la culture française aux États-Unis par le biais de l'éducation dans des écoles françaises. J'ai montré que ces écoles, datant du début du XIXe siècle jusqu'à aujourd'hui, ont une triple mission. D'abord, la France fournit à ses ressortissants à l'étranger un enseignement français qui leur permet de retourner en France et de réintégrer sans difficultés le système éducatif national. Ensuite, ces écoles de New York, comme les écoles françaises du même type à travers le monde (des écoles organisées, gérées et financées à des degrés divers par le ministère des Affaires étrangères) jouent un rôle important d'auxiliaire de la politique étrangère de la France, de sa diplomatie culturelle, en assurant le rayonnement de la langue française et des « valeurs universelles » du cursus scolaire national auprès des citoyens américains ou d'autres résidents du pays qui, pour des raisons variées, choisissent d'inscrire leurs enfants dans une école française plutôt que dans une école privée ou publique locale. Enfin, et de la même manière, ce réseau d'écoles françaises à l'étranger et particulièrement celles de New York assurent une mission globale de diplomatie culturelle en éduquant les enfants de l'élite mondiale, diplomates et hommes d'affaires qui comptent sur le réseau des écoles françaises pour assurer la continuité des études de leurs enfants dans chaque pays où les mène leur carrière internationale.

Pour comprendre comment ces écoles fonctionnent à l'étranger, il était nécessaire tout d'abord d'examiner le rôle central que l'éducation a joué dans la création du citoyen français. En effet, le système éducatif français hyper centralisé a joué un rôle décisif dans l'unification linguistique du territoire à partir de la Révolution française, à un moment où seule une petite fraction de la population de l'Hexagone parlait français. L'école n'a pas seulement réussi à propager la langue française mais aussi, grâce aux cours de littérature, d'histoire, et de géographie, a créé un programme d'instruction qui, tout au long du XIXe et du XXe siècle a, selon la célèbre formule d'Eugen Weber qui fait le titre de son livre en anglais, *Peasants into Frenchmen*, fait d'un pays de paysans des citoyens Français. Que l'instruction publique joue ce rôle dans un pays n'est guère surprenant ni inhabituel, mais ce que je voulais comprendre à travers mes recherches était à la fois comment et pour quelles raisons ce système éducatif national réussissait aussi dans sa mission lorsqu'il était transplanté hors de France, hors du cadre des colonies ou des anciennes colonies françaises, et transplanté précisément dans l'état et dans la ville de New York.

Tout au long de la période coloniale, des écoles françaises, on le sait, avaient été implantées en Afrique, dans les Caraïbes et en Indochine. Un mythe qui n'est peut-être pas entièrement faux veut même que le Ministre de l'Education nationale ait pu savoir à tout moment, avec une exactitude quasi militaire, quel cours précis on enseignait ce jour-là et à cette heure-là dans les classes des écoles françaises du monde entier.

Mes recherches sur l'enseignement français pendant la période coloniale puis pendant la décolonisation et enfin depuis la création de la francophonie montrent comment la présence des écoles françaises dans ces pays a permis que le français reste une des langues les plus parlées au monde. Comme le Président Emmanuel Macron l'annonçait à l'automne 2017, le français sera bientôt la langue la plus parlée en Afrique et peut-être au monde puisqu'on estime qu'en 2050 plus de 750 millions de personnes dans tous les continents seront des locuteurs de français, beaucoup d'entre eux en Afrique.

La présence d'écoles françaises appliquant un programme national en France et dans les colonies françaises n'a rien de surprenant mais la présence d'un réseau extensif de ces écoles dans d'autres pays et spécifiquement à New York restait à investiguer et a fait l'objet principal de mes recherches. C'est ainsi que j'ai pu voir que, contrairement à la plupart des autres écoles bilingues aux États-Unis, ces écoles conservent des liens étroits avec le ministère de l'Éducation nationale et offrent un programme d'enseignement qui a été conçu pour socialiser les jeunes Français. Ces écoles reçoivent un soutien financier, sous une forme ou une autre, du gouvernement français, soit directement, soit par le biais de bourses et de subventions. Des dispositions spéciales du ministère de l'Éducation nationale leur permettent de recruter en France des professeurs certifiés qui, en tant que « détachés » du ministère, vont, pendant la durée de leur détachement à l'étranger, poursuivre leur carrière en conservant tous leurs droits à l'avancement et à la retraite. Tout ceci coûte cher et exige un appareil administratif de soutien très important, même en ce qui concerne des écoles comme le Lycée Français de New York, qui sont en grande partie autofinancées.

L'enquête que j'ai menée auprès de plus de 200 anciens élèves, de leurs parents, de professeurs et de membres de l'administration du Lycée, ainsi que mes discussions approfondies avec quinze personnes qui connaissent bien les écoles françaises de New York, a mis en lumière les raisons qui font que la France soutient ces écoles ainsi que les raisons pour lesquelles elles attirent aussi les familles américaines locales et les familles internationales résidant à New York pour leur travail au sein de firmes internationales ou en tant que diplomates. Les sources primaires et secondaires que j'ai consultées sur les écoles elles-mêmes et sur les ministères de l'Education nationale, des Affaires étrangères et d'autres agences, confirment à quel point le gouvernement français considère ce réseau d'écoles comme une partie intégrante de sa politique étrangère. La politique de diplomatie culturelle de la France est souvent décrite en termes de *rayonnement* (un mot qui n'a pas d'équivalant exact en anglais) : le terme renvoie à l'idée que la culture française si brillante doit irradier le monde ; c'est une idée qui est au centre de la politique culturelle de la France depuis Louis XIV, le Roi Soleil.

Le réseau actuel de plus de 490 établissements français à l'étranger comprend même des écoles qui enseignent un programme français depuis presque 300 ans sans interruption, comme celle de Berlin, fondée en 1670. Nombre de ces écoles, comme celles de New York, de Moscou, de Londres, de Berlin et de Madrid, ont été, au fil de leur histoire, soutenues par des expatriés, des réfugiés, des diplomates d'autres pays que la France et beaucoup de familles non françaises qui avaient choisi le français et le cursus national français pour leurs enfants. Certains de ces établissements ont bénéficié d'un soutien important de Paris alors que d'autres sont financés localement, mais tous ont continué à offrir le cursus national français et à décerner des diplômes français, même en temps de guerre lorsque les relations avec la France et le gouvernement français s'étaient relâchées et étaient même parfois hostiles.

Ce fut bien le cas en ce qui concerne la première école que nous avons étudiée, l'École économique, fondée en 1809 par un riche aristocrate, le Baron Hyde de Neuville. Exilé de France par opposition au régime de Napoléon, il avait décidé de fournir aux autres réfugiés qui se trouvaient à New York, surtout ceux qui avaient fui Saint Domingue (Haïti), l'éducation française dont ils avaient besoin. Sans contacts directs avec Paris, l'École économique avait créé sa propre imprimerie et publié ses propres manuels à partir des grands textes classiques de la littérature française. L'école, tout en remplissant sa mission première qui était de servir la communauté expatriée (une communauté en exil en fait) en lui permettant de conserver et d'enrichir son identité française, avait aussi servi les besoins d'autres habitants de New York et représentait déjà une expérience d'éducation « globalisée » : elle était soutenue par des personnalités de l'état et de la ville de New York qui siégeaient à son conseil d'administration ; elle pratiquait une méthode pédagogique (la méthode Lancaster) fer de lance d'un mouvement général pour étendre l'instruction à une population plus large en utilisant les élèves avancés pour enseigner aux plus jeunes.

Les écoles du XXe siècle à New York, et surtout le Lycée Français de New York, ont, elles aussi, fourni aux expatriés un lien essentiel avec la France. Depuis la fondation de l'école en 1935, le Lycée sert les besoins éducatifs de ces familles mais remplit aussi une mission plus large de diplomatie culturelle. En promouvant une image, certes parfois idéalisée, de la France et de la culture française, le Lycée a offert aux familles françaises la possibilité de maintenir leur langue et leur culture dans la perspective d'un retour éventuel en France tout en offrant aux familles américaines l'accès à un enseignement bilingue de grande qualité, à la fois rigoureux et reconnu internationalement mais en plus, au moins jusqu'à il y a quelques années, relativement abordable (comme l'École économique). Dans les réponses à mon enquête et aux interviews que j'ai menées pour ce travail, j'ai trouvé encore et encore que, parmi les raisons qui font choisir le Lycée, les plus importantes sont l'excellence du cursus français, la possibilité de devenir bilingue, et la facilité avec laquelle l'élite mondiale des affaires ou certains diplomates peuvent passer d'un pays à un autre dans le monde entier avec l'assurance pour leurs enfants d'une éducation homogène dans tout le réseau des écoles françaises.

La mission de diplomatie culturelle est certes un aspect plus intangible de ce réseau que le fait de devenir bilingue en français et d'obtenir un diplôme du baccalauréat. Pourtant, c'est clairement un élément clé du réseau d'écoles françaises à l'étranger. Même lorsque des écoles comme le Lycée Français sont entièrement privées et gérées de façon indépendante par leurs propres conseils d'administration, l'intérêt du gouvernement français est toujours présent. Les déclarations émanant des diverses agences gouvernementales chargées d'aider à administrer ces écoles, et mêmes de l'Ambassade de France, montrent clairement que la France considère que l'existence même du Lycée et d'autres écoles privées françaises aux États-Unis est un élément essentiel de sa stratégie diplomatique : les écoles doivent assurer par leur présence le prestige et l'influence de la France, même si, comme le dit Joseph Nye, la diplomatie « se joue sur le long terme » et cela encore plus lorsque l'éducation française à l'étranger commence avec la maternelle. L'importance de cette mission de diplomatie culturelle, que j'ai trouvée réitérée dans les documents politiques que j'ai consultés aussi bien que dans mes interviews et mes enquêtes, vient de la conviction de la part de la France que le français a la qualité particulière d'être une langue universelle, et les valeurs françaises des valeurs universelles ; il y a quelque chose de messianique à revendiquer ainsi l'universalisme de sa mission d'influence.

Tout en servant les ressortissants français expatriés pour qui éduquer leurs enfants est important, les écoles françaises à l'étranger promeuvent aussi cet « universalisme » auprès des élites internationales qui apprécient l'enseignement qu'on y dispense. En tant que terre d'immigration, les États-Unis et New York en particulier sont particulièrement ouverts à l'ambiance cosmopolite telle qu'on la trouve dans les écoles françaises qui s'y sont implantées.

En me concentrant dans mes recherches surtout sur le LFNY, j'ai aussi pu explorer certains aspects plus complexes du dialogue interculturel franco-américain. Les interviews que j'ai conduites avec beaucoup d'interlocuteurs différents, anciens élèves, familles, élèves et administrateurs des écoles françaises à New York sur plusieurs générations m'ont permis d'explorer le vécu de l'« internationalisme culturel », ce vivre et travailler ensemble journalier entre Français, Américains et nombre d'autres nationalités. J'ai trouvé de façon intéressante que dans l'ensemble les élèves et les familles disaient souvent avoir vécu très facilement ce globalisme identitaire alors que ce n'était pas le cas pour les enseignants français et américains qui, jusqu'à récemment, n'avaient que peu de contacts entre eux et pratiquaient des méthodes pédagogiques tout à fait distinctes.

Nouvelles Directions

Le réseau d'écoles françaises à l'étranger représente une institution mondiale unique en son genre, mais mes recherches ont montré qu'il a de plus en plus besoin, tout en continuant de s'agrandir, de s'adapter à des conditions nouvelles. Les changements récents qui ont eu lieu au Lycée Français et dans d'autres écoles à New York, aussi bien que dans les écoles françaises dans l'ensemble des États-Unis, témoignent d'une volonté accrue de s'adapter aux conditions locales. Dans de nombreux cas, les écoles ont adopté le programme du Baccalauréat international afin de pouvoir attirer et retenir les élèves américains qui n'ont pas l'intention de poursuivre leurs études dans une université en France ; en même temps, cependant, l'Ambassade de France à Washington a lancé une campagne publicitaire auprès des universités américaines pour que le Baccalauréat français soit mieux et plus généralement reconnu. De plus, le ministère de l'Éducation nationale français, en partenariat avec le College Board, a créé un programme de « Baccalauréat franco-américain » qui permet aux élèves du LFNY de suivre un plus grand nombre de leurs cours en anglais.

Parmi ces adaptations, la plus radicale a peut-être été la révision complète de l'emploi du temps au Lycée Français à l'automne 2016. Sans s'éloigner du contenu des programmes officiels de l'Éducation nationale, l'école mit en place de nouveaux emplois du temps hebdomadaires, un nouveau système semestriel, et des « blocs horaires » afin d'intégrer les emplois du temps chargés des élèves et d'augmenter non seulement le temps consacré aux activités périscolaires (sports d'équipe, musique, théâtre, etc.) mais aussi le temps consacré aux rencontres individuelles entre élèves et professeurs. Ces changements ont eu un impact immédiat sur les emplois du temps des professeurs, qui jusque-là ne comptabilisaient que les heures de cours en classe, ce qui, tout au moins en France, signifiait des semaines de 15 à 18 heures de cours. Le nouvel emploi du temps a aussi eu pour effet que les professeurs français et américains pouvaient pour la première fois se voir et surtout travailler ensemble ; ceci fait désormais partie de leurs obligations de service. Lors de mes interviews et dans mes enquêtes, il a été question de ces changements mais ils sont si récents qu'il est difficile d'évaluer entièrement leur impact ; en fait, ils pourraient faire avec profit l'objet de recherches futures pour confirmer leur impact. Cette recherche aurait d'autant plus d'intérêt que le gouvernement français lui-même a entamé une réforme radicale des programmes et des emplois du temps au niveau du lycée ; ces réformes touchent aussi à la réglementation française du travail et tout ceci aura sans doute un impact majeur sur les élèves, les enseignants et les syndicats en France.

Pour conclure, je voudrais citer un rapport récent de la Cour des comptes qui concerne l'avenir des écoles françaises à l'étranger et qui résume bien l'importance que la France accorde au réseau de ses écoles à l'étranger et à sa diplomatie culturelle par l'éducation ; il insiste particulièrement sur la nécessité de l'adapter et le faire évoluer et recommande surtout la prudence en matière de financement :

La France dispose d'un réseau scolaire à l'étranger unique au monde. Par son ampleur, ses missions et sa répartition géographique, il constitue l'un des instruments d'influence, de rayonnement et d'attractivité les plus puissants et l'un des vecteurs les plus efficaces au service de la francophonie.[364]

Le rapport note les graves problèmes de financement du réseau auquel la France fait face et vise particulièrement le coût exponentiel du soutien direct de l'État, principalement par l'AEFE et recommande que soient renforcés les efforts pour trouver de nouveaux moyens de subventionner les diverses formes d'accès à l'enseignement français à l'étranger (y compris les écoles privées autofinancées comme le Lycée Français de New York).

Ainsi que le rapport le montre, le réseau des écoles françaises à l'étranger se trouve aujourd'hui à la croisée des chemins ; c'est pourquoi il sera très intéressant pour la recherche à venir d'examiner comment les changements qui ont été décidés, une fois mis en place, feront évoluer l'enseignement français en France et à l'étranger. Il n'en demeure pas moins, ainsi que le rapport le souligne, que l'engagement de la France envers ses écoles à l'étranger, qui servent à la fois ses ressortissants expatriés et sa diplomatie culturelle, restera une priorité du gouvernement pour les années à venir. Pour pouvoir préserver et développer ce précieux outil d'influence et continuer d'œuvrer au rayonnement de la langue et la culture françaises dans le monde, le gouvernement français doit se montrer capable de l'adapter en profondeur et de faire les choix audacieux qui s'imposent pour « insuffler une nouvelle dynamique » au réseau des écoles françaises à travers le monde.[365]

Bibliographie

"A New Actor to Implement Cultural Diplomacy of France". Institut Français. Web. Consulté le 22 février 2018.

"About EINY". EINY, le 20 août 2015, https://einy.org/about/.

"Advertisements". *National Quarterly Review*, juin 1876.

"Artists of France to Aid Lycée Here". *New York Times*, 16 février 1936.

Barrett, Walter. *The Old Merchants of New York City*. Vol. 1, Carleton, 1864.

Barthold, Allen J. "The First French School Book Published in the United States". *The Modern Language Journal*, vol. 41, no. 5, 1957, pp. 234–38.

Beaud, Stéphane. *80% au Bac... et après ? Les Enfants de la démocratisation scolaire*. Découverte, 2002.

Boasson, Olivier. Entretien privé. 24 octobre 2017.

Bourne, William Oland. *History of the Public School Society of the City of New York*. W. Wood & Company, 1870.

Bowen, John R. *Why the French Don't Like Headscarves*. Princeton University Press, 2008.

Brodin, Pierre, and Dorothy Brodin. "A Witness Remembers: Charles de Fontnouvelle and the Beginnings of the Lycée Français de New York". *Laurels: A Magazine Devoted to French-American Friendship*, vol. 58, no. 1, Printemps 1987, pp. 7–20.

Brubaker, Roger. *Citizenship and Nationhood in France and Germany*. Harvard University Press, 1992.

Bulletin officiel. 24, Fédération de l'Alliance française aux États-Unis et au Canada, Octobre. 1923.

Cariot, Bernard. Quel avenir pour l'enseignement français à l'étranger ? *Journaux officiels*, 2003.

Carroll, Raymonde. Cultural Misunderstandings: *The French-American Experience*. Trad.Carol Volk, University of Chicago Press, 1990.

Cerisier-ben Guiga, Monique. *L'exclusion sociale dans les communautés françaises à l'étranger*. Documentation française, 1997.

Charte de l'association. Mission laïque française, 2017.

Chirac, Jacques M. Discours du Président de la République lors de l'inauguration du Lycée Français de New York. 22 septembre 2003.

Clark, Alfred E. "School Slapping to Bring Protest". *New York Times*, 7 juin1970.

Conklin, Alice. *A Mission to Civilize: The Republican Idea of Empire in France and West Africa, 1895-1930*. Stanford University Press, 1997.

Coombs, Philip H. *The Fourth Dimension of Foreign Policy: Educational and Cultural Affairs*. Harper & Row, 1964.

Cooper, Frederick. *Citizenship between Empire and Nation: Remaking France and French Africa 1945-1960*. Princeton University Press, 2014.

CPI Inflation Calculator. https://data.bls.gov/cgi-bin/cpicalc.pl. Web. Consulté le 10 décembre 2017.

Crosier, David, and Teodora Parveva. *The Bologna Process: Its Impact in Europe and Beyond*. UNESCO: International Institute for Educational Planning, 2013.

Dallek, Robert. *Franklin D. Roosevelt and American Foreign Policy, 1932-1945*. Oxford University Press, 1995.

De Mejía, Anne-Marie. *Power, Prestige and Bilingualism: International Perspectives on Elite Bilingualism*. Multilingual Matters, 2002.

Deák, Gloria. *Passage to America: Celebrated European Visitors in Search of the American Adventure*. I.B. Tauris, 2013.

"Décret n°77-822 du 13 juillet 1977 relatif à l'application aux écoles françaises et établissements français d'enseignement à l'étranger de la loi 75620 du 11-07-1975 relative à l'éducation". 77-822, juillet 1977.

Deguilhem, Randi. "Turning Syrians into Frenchmen: The Cultural Politics of a French Non-Governmental Organization in

Mandate Syria (1920-67) the French Secular Mission Schools". *Islam and Christian-Muslim Relations*, vol. 13, no. 4, 2010, pp. 449–60.

Documents of the Assembly of the State of New York. Vol. 3, E. Croswell, Printer to the State, 1833.

Dodson, Donald. "Lycée Français de New York and United Federation of Teachers, Local No. 2, New York State United Teachers, American Federation of Teachers, AFL-CIO". *Decisions of the National Labor Relations Board*, vol. 191, 2-CA-19291 and 2-RC-19215, 23 Jan. 1985.

Dubosclard, Alain. *L'action culturelle de la France aux États-Unis, de la Première Guerre mondiale à la fin des années 1960.* Université Paris I - Panthéon Sorbonne, novembre 2002.

Durkheim, Émile. *Éducation et Sociologie.* Paris, 1922.

⁃. *Règles de la méthode sociologique.* Revue philosophique, 1895.

Estienne, Robert. *Dictionnaire francois latin contenant les motz et manières de parler francois, tournez en latin.* R. Estienne, 1539.

Ferrand, André. Financements de l'enseignement français à l'étranger. Réagir et s'unir pour un nouvel élan. *La Documentation française,* 2004.

Ferry, Jules. Les fondements de la politique coloniale. Assemblée nationale, 28 juillet1885.

Fitzpatrick, Edward Augustus. *The Educational Views and Influence of De Witt Clinton.* Teachers College, Columbia University, 1911.

Fortescue, William. *The Third Republic in France, 1870-1940: Conflicts and Continuities.* Psychology Press, 2000.

Fosdick, Lucian John. French Blood in America. Revell Company, 1906.

Galy, Maurice. "Une institution originale ? : Le Lycée Français de New York". *Revue des Sciences morales et politiques*, no. 3, 1986, pp. 379–92.

García, Ofelia, et al., éd. *Bilingual and Multilingual Education.* Springer, 2017.

Glenn, Charles L. *Educating Immigrant Children: Schools and Language Minorities in Twelve Nations.* Garland, 1996.

Gobry, Pascal-Emmanuel. "Want to Know the Language of the Future? The Data Suggests It Could Be...French". *Forbes*, mars 2014.

Golub, Philip. Entretien privé. 23 octobre 2017.

⌐. Entretien privé. 15 octobre 2017.

Haimo, Stephen. Entretien privé. 3 octobre 2017.

Haines, Michael. "French Migration to the United States ? : 1820 to 1950".*Annales de Démographie Historique*, vol. 2000, no. 1, 2000, pp. 77–91.

Handschin, Charles Hart. *Modern-Language Teaching.* World Book Company, 1940.

Heggoy, Alf Andrew. "Education in French Algeria: An Essay on Cultural Conflict". *Comparative Education Review*, vol. 17, no. 2, juin1973, pp. 180–97.

"Historique de l'ANEFE". ANEFE, 2017,

Hyde de Neuville, Anne-Marguerite-Henryette. The Original Drawings, Water-Colours and Sketches of Baroness Hyde de Neuville. New York Historical Society, ND273 Box H.

Hyde de Neuville, Jean-Guillaume. *Mémoires et souvenirs du baron Hyde de Neuville.* Vol. 2, Plon, 1890.

⌐. *Mémoires et souvenirs du baron Hyde de Neuville.* Vol. 1, Plon, 1890.

"Institut Tisné School for Girls". *Evening Post*, 14 septembre 1915, p. 6.

Irvine, Dallas D. "The French and Prussian Staff Systems Before 1870". *The Journal of American Military History Foundation*, vol. 2, no. 4, Winter 1938, pp. 192–203.

Jaumont, Fabrice. Entretien privé. 17 décembre 2017.

⌐. *La Révolution bilingue* : le futur de l'éducation s'écrit en deux langues. Edition française, TBR Books, 2017.

Jones, Howard Mumford. *America and French Culture, 1750-1848.* University of North Carolina Press, 1927.

Journal des dames. Economical School Press, 1810. Columbia University, American periodicals series, 1800-1850.

Joutard, Philippe. Entretien privé. 2 Oct. 2017.

Judge, Anne. *Linguistic Policies and the Survival of Regional Languages in France and Britain.* Palgrave Macmillan, 2007.

Kagan, Olga, and Maria Carreira. "The Results of the National Heritage Language Program Survey: Implications for Teaching, Curriculum Design, and Professional Development". *Foreign Language Annals*, vol. 44, no. 1, 2011, pp. 40–64.

Kloss, Heinz. *The American Bilingual Tradition.* Newbury House, 1977.

"La MLF, acteur de l'enseignement français à l'étranger". Mission laïque française, 2017.

Lane, Philippe. *French Scientific and Cultural Diplomacy.* Liverpool University Press, 2013.

Lasser, Mitchel. *Judicial Deliberations: A Comparative Analysis of Transparency and Legitimacy.* Oxford University Press, 2009.

Laurent, Samuel. "Sarkozy reprend une coûteuse proposition pour les Français de l'étranger". *Le Monde*, 19avril 2012.

Lebovics, Herman. *Mona Lisa's Escort : André Malraux and the Reinvention of French Culture.* Cornell University Press, 1999.

L'Enseignement Français à l'étranger. Cour des comptes, octobre 2016.

"Les Établissements d'enseignement Français". AEFE, Web. Consulté le 14 décembre 2017.

Loi Haby. Vol. 75–620, 11 juillet 1975.

Lorch, Maristella. Entretien privé. 4 octobre. 2017.

Lycée Français de New York. 2-CA-19291 and 2-RC-19215, 8 février 1983.

Lycée Français de New York. Assouline Publishing, 2011.

"Lycée Français Will Gain from Fête aboard Liberté". *New York Times*, 3 novembre 1961.

"Lycée Here Hailed as Tie to France". *New York Times*, 26 avril 1938.

"Lycée Is Praised After First Year: Test School Giving 'Education in Two Civilizations' Is Held a Success". *New York Times*, 28 juin 1936.

Lynch, Sean. Entretien privé. 3 février 2018.

Macron, Emmanuel. Discours du Président de la République, Emmanuel Macron, à l'université Ouaga I, professeur Joseph Ki-Zerbo. 29 novembre 2017.

⸻. Lancement du fonds bilingue à New York. 21 septembre 2017.

Mancel, Jean-François, et al. Rapport d'information déposé en application de l'article 145 du Règlement par la Commission des finances, de l'économie générale et du contrôle budgétaire en conclusion des travaux de la Mission d'évaluation et de contrôle (MEC) sur l'enseignement français à l'étranger. 2693, Assemblée nationale, 30 juin 2010.

Mathews, Albert. "The Teaching of French at Harvard before 1750". *Publications of the Colonial Society of Massachusetts*, vol. 17, Colonial Society of Massachusetts, 1915, pp. 216–32.

McWhorter, John. "Let's Stop Pretending That French Is an Important Language". *The New Republic*, février 2014.

Minutes of the Common Council of the City of New York, 1784-1831. Vol. 6, M. B. Brown printing & binding Company, 1917.

"Mission & Vision". Lycée Français de New York.Web. Consulté le27 février 2018.

"Mission Statement". New York French American Charter School. Web. Consulté le27 février 2018.

Moss, Michele. Entretien privé. 16 octobre 2017.

Moulakis, Athanasios. "What the U.S. Government Can't Do Abroad, Colleges Can". *The Chronicle of Higher Education*, juillet2011.

Mulcahy, Kevin V. *Public Culture, Cultural Identity, Cultural Policy: Comparative Perspectives*. Springer, 2016.

Noiriel, Gérard. *Le Creuset français*. Éditions du Seuil, 1998.

Nora, Pierre. Rethinking France : *Les Lieux de Mémoire*. Edited by David P. Jordan, vol. 1, University of Chicago Press, 1999.

Nye, Joseph S. *Soft Power: The Means to Success in World Politics*. Public Affairs, 2005.

Parsons, James Russell. French Schools through American Eyes: A Report to the New York State Department of Public Instruction. C. W. Bardeen, 1892.

⹂. Prussian Schools through American Eyes: A Report to the New York State Department of Public Instruction. C. W. Bardeen, 1892.

Peyton, Joy Kreeft, et al., éds. *Heritage Languages in America: Preserving a National Resource*. Center for Applied Linguistics, 2001.

Pine, Robert. Entretien privé. 30 janvier 2018.

Private Laws of the State of New-York. John Barber, 1810.

Ray, Thomas M. "'Not One Cent for Tribute': The Public Addresses and American Popular Reaction to the XYZ Affair, 1798-1799". *Journal of the Early Republic*, vol. 3, no. 4, Winter 1983, pp. 389–412.

Regulations of the Economical School. Economical School Press, 1810. New York Historical Society.

Reigart, John F. *The Lancasterian System of Instruction in the Schools of New York City*. Teachers College, Columbia University, 1916.

Reilly, Joelle. Entretien privé. 20 octobre 2017.

Report of Maxine Herzberg for Months of December and January, Junior High. (Carnet de notes de Maxine Herzberg pour les mois de décembre et janvier, niveau collège.) Institut Tisné School for Girls, 1929. Collection privée.

Réunion interministérielle sur l'enseignement français à l'étranger. ministère des Affaires étrangères et ministère de l'Éducation nationale, 20 novembre 2014.

Roger, Philippe. *L'Ennemi américain : Généalogie de l'antiaméricanisme français*. Paris, Seuil, 2002.

Ross, Jane. History of French Schools in New York. Survey, 1er octobre 2017.

Ross, Jane, and Fabrice Jaumont. "Sustainability of French Heritage Language Education in the United States". *Handbook of Research and Practice in Heritage Language Education*, Springer, 2016.Pp. 1–18.

Roubichou, Gérard. *Coup d'état à l'école : Politique, Ambitions et Règlements de Comptes Dans Une Communauté Scolaire Aux États-Unis.*

Rousseau, Jean-Jacques. *Sur le gouvernement de Pologne.* 1772.

¬. *Du Contrat social.* 1772.

Rush, Benjamin. *Essays, Literary, Moral and Philosophical.* Thomas and William Bradford, 1806.

Saada, Emmanuelle. *Les enfants de la colonie.* Découverte, 2007.

Saxon, Wolfgang. "Pierre Brodin, 87, A Champion in U.S. Of French Culture". *New York Times*, 10 janvier 1997.

Schiffman, Harold F. "French Language Policy: Centrism, Orwellian Dirigisme, or Economic Determinism?" *Opportunities and Challenges of Bilingualism*, Li Wei et al. éds, Mouton de Gruyter, 2002, pp. 89–104.

"School Holds French Test". *New York Times*, 9 juin 1940.

Schor, Mira. Entretien privé. 10 octobre 2017.

"Sees French Culture Continuing in America". *New York Times*, 10 mai 1942.

Semple, Kirk. "A Big Advocate of French in New York's Schools: France". *New York Times*, 30 janvier 2014.

Société de chirurgie de Paris. Bulletins et mémoires. Masson, 1892.

Steiner, George. *Errata: An Examined Life.* Yale University Press, 1999.

"The World School". Avenues New York, 17 décembre 2014.

Thévenin, André. *La Mission laïque française à travers son histoire : 1902-2002.* Mission laïque française, 2002.

¬. Entretien privé. 17 octobre 2017.

Verges, Flaurent. Entretien privé. 23 octobre 2017.

Watel, Françoise. *Jean-Guillaume Hyde de Neuville (1776-1857). Conspirateur et Diplomate.* ministère des Affaires étrangères, 1997.

Weber, Bruce. "Parents vs. Administrator, as Style Clash Makes Heavy Weather". *New York Times*, 1 septembre 1996.

Weber, Eugen. *Peasants into Frenchmen.* Stanford University Press, 1976.

Weil, Patrick. *La France et ses étrangers : L'aventure d'une politique de l'immigration de 1938 à nos jours.* Folio, 2005.

White, Bob W. "Talk about School: Education and the Colonial Project in French and British Africa (1860-1960)". *Comparative Education*, vol. 32, no. 1, mars 1996, pp. 9–26.

Wiborg, Susanne. "Political and Cultural Nationalism in Education: The Ideas of Rousseau and Herder Concerning National Education". *Comparative Education*, vol. 36, no. 2, mai 2000, p. 235.

Wooldridge, Terence Russon. "The Birth of French Lexicography". *A New History of French Literature*, Denis Hollier, ed., Harvard University Press, 1989, pp. 177–80.

Wright, Sue. *Community and Communication: The Role of Language in Nation State Building and European Integration.* Multilingual Matters, 2000.

Zivkovic, Don. Entretien privé. 22 Oct. 2017.

Notes

[1] Macron, Discours à Ouagadougou. "Le français, ce sera la première langue de L'Afrique et peut-être du monde".

[2] Ibid.

[3] Semple.

[4] McWhorter.

[5] Gobry.

[6] "The World School".

[7] Conklin.

[8] Lane, 8-9.

[9] Wiborg, 236.

[10] Ibid., 237.

[11] Rousseau, *Le Contrat social et Discours.*

[12] Wiborg, 237.

[13] Rousseau, *Sur le Gouvernement de Pologne*

[14] Wiborg, 240.

[15] Parsons, *French Schools*; Parsons, *Prussian Schools*

[16] Brubaker, 86.

[17] Wooldridge, 178.

[18] L'Edit de Nantes, promulgué par le roi Henri IV en 1598 accordait des droits importants aux protestants français dans la France catholique.

[19] Judge, 273. Le paragraphe continue ainsi : "dans l'angoisse des zéros en dictée, cette orthographe, à la fois abhorrée et vénérée, continue au XXe siècle à avoir ses martyrs et ses adorateurs".

[20] Wright, 37.

[21] Ibid., 38.

[22] Schiffman, 94.

[23] Ibid.

[24] Joutard.

[25] Ibid.

[26] Lasser, 236.

[27] Boasson.

[28] L'ironie du sort fait que depuis les dix dernières années, les langues régionales, le breton, le catalan, le basque, le corse, l'alsacien (et d'autres) font l'objet d'intérêt et qu'elles sont de plus en plus enseignées. Ceci étant en partie une réponse aux initiatives à l'échelle européenne, telle La Charte Européenne pour les langues régionales ou minoritaires, créée par le Conseil de l'Europe en 1992 et en vigueur depuis Mars 1998.

[29] Joutard.

[30] E. Weber, 207.

[31] Glenn, 6.

[32] Joutard.

[33] E. Weber, 311.

[34] Ibid.

[35] Ibid., 313.

[36] Irvine, 192.

[37] Nora, xiv, xxvii.

[38] *Education and Sociology*, (*Education et sociologie*), 107.

[39] Wright, 196.

[40] Heggoy, 192.

[41] Fortescue, 167.

[42] Ferry.

[43] Conklin, 84.

[44] White, 12-13.

[45] Thévenin, 12.

[46] Ibid.

[47] Ibid., 13.

[48] Boasson.

[49] Thévenin, 21.

[50] Deguilhem, 452.

[51] Ibid.

[52] Ibid.

[53] Les lois Jules Ferry de 1881 établirent la gratuité de l'enseignement. La loi de 1882 rendit la scolarité laïque et obligatoire. (Voir plus haut).

[54] Cariot II-14. Cariot précise que ces mots ont été prononcés lors d'un discours du président de la MLF, M. Jean-Pierre Bayle, le 4

juin, 2002.

[55] Deguihlem, 450.

[56] Thévenin, 25-26.

[57] Deguilhem, 450.

[58] Ibid., 455. Deguilhem ajoute que "un nombre limité de Français étaient aussi scolarisés dans ces écoles : les enfants de diplomates français ou de mariages mixtes, et d'autres enfants d'origine européenne dont les parents étaient basés en Syrie pour des raisons diplomatiques ou commerciales" (455). Les écoles de la MLF en Syrie préfigurent donc la diversité de la population scolaire du Lycée français de New York. Cf. chapitres VI et VIII.

[59] Deguilhem 459.

[60] Thévenin, 130.

[61] Deguilhem 451.

[62] Thévenin, 130

[63] Ibid.

[64] Ibid., 131

[65] Un peu comme elle refusait par le passé de reconnaitre les langues régionales du pays, la France aujourd'hui refuse de reconnaitre les origines de ses citoyens d'outre mer. Le résultat est de rendre très difficile aux enseignants la tâche d'identifier les langues d'origine des élèves ou les degrés de maîtrise de la langue chez beaucoup d'enfants dont la langue parlée à la maison n'est pas le français.

[66] Guéhenno.

[67] Les "Instituts Confucius", un projet lancé par le gouvernement chinois en 2004, comptent maintenant plus de 260 "instituts" (dont des écoles et des programmes liés aux universités) dans 75 pays, dont 44 aux Etats-Unis.

[68] Moulakis.

[69] Voir le chapitre VII.

[70] « Les Etablissements d'enseignement français ».

[71] Boasson.

[72] « Un nouvel acteur dans la diplomatie culturelle de la France ».

[73] Guéhenno.

[74] Joutard.

[75] Guéhenno.

[76] Ibid.

[77] Verges.

[78] Lane xvi.

[79] Coombs.

[80] Nye, 100.

[81] Mulcahy, 36.

[82] Ibid.

[83] Ibid., 37.

[84] En 1962, Senghor écrivait : " la francophonie, c'est cet humanisme intégral qui se tisse autour de la terre, cette symbiose des énergies dormantes de tous les continents, de toutes les races, qui se réveillent à leur chaleur complémentaire".

[85] Lebovics 5.

[86] Dubosclard, 579.

[87] Joutard.

[88] Ibid.

[89] Lynch.

[90] Joutard.

[91] Golub.

[92] Ibid.

[93] Clark.

[94] Handschin, 9.

[95] Auparavant, alors même que l'Edit de Nantes garantissait une certaine liberté de culte aux Protestants en France, il avait été interdit aux Protestants de s'établir dans les colonies françaises de l'Amérique du Nord.

[96] Jones, 183.

[97] Mathews, 216-232.

[98] Barthold, 234.

[99] La Montagne.

[100] Fosdick, 216.

[101] Ibid.

[102] Jones, 87.

[103] Ibid., 91.

[104] Donner à l'anglais le statut légal de langue officielle fait partie des pouvoirs réservés aux états et non au gouvernement fédéral ; certains états ont appliqué les lois sur l'anglais de façon agressive.

[105] Lane, 8.

[106] Barthold, 234.

[107] Ray, 1983.

[108] Rush.

[109] Appendice E.

[110] *Règlement de l'École économique* (*Regulations of the Economical school*).

[111] Barrett, 338-39.

[112] Ibid., 339.

[113] Ibid.

[114] *Règlement de l'École économique.*

[115] La liste publiée dans le deuxième numéro du *Journal des dames*, un magazine mensuel publié par les presses de l'École économique en février 1810, est un peu différente. « Les membres du Conseil d'administration de l'École économique de cette année sont : Monseigneur l'Evêque Moore, Robert Morris, J. B. Lombard [sic], Labiche de Reignefort, Charles Wilkes, Dr. MacNeven, John B. Murray, Clement Moore, le Père Vianney, W. Hyde de Neuville » (*Journal des dames*).

[116] Quoique Hyde de Neuville ait fondé l'école, il ne fut jamais président du Conseil. La raison en est peut-être qu'il ne voulut pas renoncer à la nationalité française pour être naturalisé, mais l'on ne peut que spéculer sur ses raisons.

[117] Appendice E.

[118] Barrett, 339. Barrett souligne cependant qu'il ne s'agissait là que d'un passe-temps, pas d'un emploi régulier : « c'était pour eux un passe-temps. Cela suscita pourtant la rumeur absurde que le Général Moreau était maître d'école aux Etats-Unis pour gagner sa vie. Ce n'était pas le cas car il était très riche ». Il semble bien pourtant que Moreau y ait travaillé comme professeur (voir plus bas).

[119] (*Private Laws of the State of New York*, 80).

[120] Barrett, 338.

[121] Cité dans Fitzpatrick 103.

[122] Fitzpatrick 103.

123 Ibid.

124 Il semble que cette collaboration entre le consul de France et un royaliste bien connu ait été suffisamment suspecte pour donner lieu à une enquête de la police à Paris. (Watel, 75).

125 Hyde de Neuville, *Mémoires 2* 376.

126 Watel, 76.

127 Ibid., 73-74. Selon Watel, ce n'était pas la première fois que l'Evêque Cheverus prenait part à un projet d'enseignement. Il s'intéressait vivement à l'éducation dans sa paroisse et avait déjà fondé une école à Boston avant 1810.

128 Barrett, 351.

129 *Journal des dames.*

130 Ceci s'explique peut-être par le fait que beaucoup des membres du conseil d'administration de l'école étaient de farouches opposants à Napoléon, comme Hyde de Neuvile. Mais reste l'exception de John B. Lombart, le premier secrétaire du Consulat de France qui représentait donc le gouvernement de Napoléon à New York.

131 (*Private Laws of the State of New York*, 88).

132 (*Regulations of the Economical School*).

133 Ibid.

134 Ibid.

135 Appendice E.

136 Watel, 60.

137 Barrett 339. La deuxième signature semble suggérer que John B. Lombart, le premier secrétaire du Consulat de France et membre du Conseil d'administration de la société de l'École économique, enseignait aussi à l'école (voir plus haut).

138 Société de Chirurgie de Paris, 24.

139 Dans ses mémoires, Hyde de Neuville décrit ses sentiments pour son élève comme "une affection toute paternelle" (Hyde de Neuville, *Mémoires*, 2480).

140 Société de chirurgie de Paris, 25.

141 Ibid.

142 Ibid.

143 Barrett, 340.

144 Watel, 76.

[145] Barrett, 350-351.

[146] (*Documents of the Assembly of the State of New York*, 345).

[147] Deák, 10.

[148] Hyde de Neuville, *Mémoires*, 1481. "Des bals et des concerts furent organisés au profit de l'œuvre et trouvèrent un chaleureux appui de la haute société de New York".

[149] Pour les personnes qui contribuaient 80 dollars, le nombre était de deux enfants.

[150] Watel, 67. "L'imprimerie était indissolublement liée à l'école : elle employait les élèves, travaillait par eux et pour eux. La plupart des livres étaient destinés aux élèves, et le bénéfice de la vente des autres ouvrages devait servir à financer l'école".

[151] *Journal des dames.*

[152] *Journal des dames.*

[153] Watel, 66.

[154] "Onc, vieux mot qui veut dire jamais".

[155] Barrett, 338, 350-351.

[156] Deák, 11.

[157] (*Minutes of the Common Council of the City of New York, 1784-1831* 292).

[158] Bourne, 5.

[159] Bourne, vii.

[160] Voir le chapitre II.

[161] Bourne, 7.

[162] Reigart, 7.

[163] Ibid., 8.

[164] Ibid., 18.

[165] Ibid., 10.

[166] Ibid., 13.

[167] Fitzpatrick, 105.

[168] Ibid., 47.

[169] Ibid., 48.

[170] Ibid., 49-50.

[171] "Annonces", xix-xx.

[172] (Carnet de notes de Maxine Herzberg).

[173] "Institut Tisné School for Girls".

[174] (*Bulletin officiel*).

[175] Haines, 83. Ce chiffre concerne les personnes nées en France et non pas les francophones.

[176] Dubosclard, 94.

[177] Ibid., 94.

[178]Le traitement préférentiel accordé par les universités américaines aux élèves venant du système français représentait un avantage financier incitant les élèves américains à faire leurs études au Lycée puisqu'ils seraient dispensés des frais de scolarité de deux ans d'université. Voir plus bas.

[179] Brodin, 8.

[180] Dubosclard, 95.

[181] Dubosclard, 95.

[182] Ibid.

[183] Dubosclard 102.

[184] Selon Dubosclard, toutes ces personnes reçurent plus tard la Légion d'honneur en remerciement de leur action en faveur de la France dans l'état de New York (Dubosclard, 100).

[185] Voir le chapitre IV.

[186] Dubosclard 102.

[187] Depuis 1883, l'Institut français/Alliance française fait partie d'un réseau étendu d'établissements qui promeuvent la langue et la culture françaises à l'étranger et servent les étudiants étrangers en France.

[188] Ce qui équivaut à 2.4 millions de dollars actuels (*CPI Inflation Calculator*).

[189] A peu près équivalent à 189.000 dollars actuels (*CPI Inflation Calculator*).

[190] Dubosclard, 102. La somme équivaut à 33.000 dollars actuels (*CPI Inflation Calculator*).

[191] Ibid., 96.

[192] L'enseignement en allemand devint même illégal dans un grand nombre d'états ; il faut aussi noter que l'enseignement en français avait aussi été banni dans des états comme la Louisiane et le Maine, qui avaient pourtant une importante population francophone.

[193] « Lycée Is Praised After First Year ».

[194] Ibid.

[195] Ibid.

[196] Dubosclard 102. « J'ai inspecté les classes, interrogé les élèves, reçu les professeurs : l'impression d'ensemble est excellente. L'enseignement est donné avec méthode et avec autorité par des maîtres dévoués ; le niveau des études est à la hauteur de nos lycées de France. »

[197] (« L'école fait passer l'examen français de fin d'études »)

[198] Ibid.

[199] Ces années de guerre eurent pour effet que, tout en continuant d'enseigner le cursus français, le Lycée n'avait plus aucun lien direct avec le gouvernement français ni avec le ministère de l'Éducation nationale.

[200] Dallek, 166-173.

[201] « Ici, [à New York], le Lycée est reconnu comme un lien avec la France ».

[202] Ibid.

[203] Ibid.

[204] Steiner, 30.

[205] Brodin ; Brodin, 17-18.

[206] Steiner, 30.

[207] Haimo.

[208] Steiner, 30.

[209] Ibid. La Croix de Lorraine était le symbole de la France libre.

[210] Guéhenno.

[211] Brodin and Brodin 18.

[212] "« La culture française continuera en Amérique.»

[213] Saxon.

[214] Voir le chapitre IV.

[215] Dubosclard, 596.

[216] Ibid., 94.

[217] Appendice D.

[218] Dubosclard 597–98.

[219] « Le Lycée profitera de la fête sur le *Liberté* ».

[220] Lorch.

[221] Dubosclard, 599.

[222] Vallat.

[223] Guéhenno.

[224] Vallat.

[225] Galy, 380-381. « La difficulté du problème à résoudre, en dehors de la nécessité bien évidente de pouvoir rassembler les moyens financiers suffisants, était d'obtenir au préalable des autorités américaines la possibilité, pour le nouvel établissement, de donner son enseignement en français suivant un programme d'études français, c'est-à-dire étranger ».

[226] Galy 382.

[227] Galy 382–83.

[228] Vallat.

[229] Ibid.

[230] Dodson, 273.

[231] Ibid.

[232] (*Lycée Français de New York*).

[233] Ibid.

[234] Cette séparation n'existe plus aujourd'hui, comme nous le montrerons au chapitre VII.

[235] Voir le chapitre VI.

[236] Vallat.

[237] Ibid.

[238] Zivkovic.

[239] Ibid.

[240] Vallat.

[241] Schor.

[242] « Des artistes français pour aider le Lycée à New York ».

[243] « New York salue le Lycée, lien avec la France. »

[244] Zivkovic.

[245] Moss.

[246] Schor.

[247] Vallat.

[248] Zivkovic.

[249] Ces cours furent offerts en classe de sixième pendant un certain nombre d'années pour répondre aux exigences du New York State Board of Regents. Un nombre minimum d'heures de cours d'histoire américaine était exigé au secondaire afin que les élèves du Lycée

puissent recevoir le diplôme de fin d'études de New York (New York State High School Diploma) en général à la fin de la Première.

[250] Schor.

[251] Ibid.

[252] Lorch.

[253] Zivkovic.

[254] Reilly.

[255] Ibid.

[256] Ibid.

[257] "About EINY".

[258] Ibid.

[259] Ibid.

[260] Voir Chapitre II.

[261] (*Charte de l'association*)

[262] Au Maroc, la MLF a pris le nom d'Office scolaire et universitaire international (OSUI). En Côte d'Ivoire, c'est la Mission laïque Côte d'Ivoire (MI-CI). Nous regroupons dans notre discussion l'OSUI, le MI-Ci et la MLF sous le seul nom de MLF.

[263] « La MLF, acteur de l'enseignement français à l'étranger ».

[264] Cariot II-4.

[265] Ibid., II-16.

[266] Ibid. « Au tournant du XXIème siècle, la Mission laïque, grâce à sa capacité d'adaptation, à sa réactivité mais également à un enseignement de qualité, constitue un bon outil, complémentaire des établissements de l'Agence soumis à un contexte budgétaire extrêmement contraint. »

[267] Voir chapitres 4 et 5.

[268] On retrouve cette idée dans un discours récent du Président Emmanuel Macron, où, s'adressant aux citoyens français vivants à New York, il leur avait lancé : « Revenez ! » (Macron, *Lancement du fonds bilingue à New York*).

[269] « Historique de l'ANEFE ».

[270] Ibid. « Le décret de 1971 définissait les conditions pour être "réputée petite école à l'étranger" : avoir été créée pour scolariser les enfants français immatriculés au Consulat, être gérée par une association ou société de parents d'élèves à majorité française ; être à

but non lucratif ; avoir un conseil d'administration dont le président ou le trésorier sont français ; dispenser un enseignement conforme "pour l'essentiel" aux programmes français et accepter les inspections administratives et financières des autorités françaises ».

[271] : « dispenser un enseignement conforme 'pour l'essentiel' aux programmes français » (« Historique de l'ANEFE »).

[272] « Historique de l'ANEFE ». « Sur le plan pédagogique, il fallait qu'elles offrent, "au moins dans leur section française, " un enseignement conforme aux programmes français et conduisant à l'octroi de diplômes français. »

[273] (*Loi Haby)*.

[274] Le décret du 9 septembre 1993 établit maintenant les directives pour l'homologation des écoles. ("Historique de l'ANEFE").

[275] « Décret 77-822 ».

[276] « Décret 77-822 ».

[277] L'ANEFE continue de prendre part aux décisions puisqu'elle siège au Conseil d'administration ("Historique de l'ANEFE").

[278] Cariot, I-6.

[279] Ibid., II-99. Art. 2   .

[280] Cariot II-12.

[281] Voir Chapitre VII   .

[282] « Les Établissements d'enseignement Français ».

[283] Verges.

[284] Boasson.

[285] Ferrand, 19-20. Les écoles conventionnées et celles en gestion directe sont homologuées par définition puisqu'elles sont obligées de suivre le programme français.

[286] Ferrand, 21.

[287] Ibid., 22.

[288] Ibid.

[289] Joutard.

[290] Boasson.

[291] Ibid.

[292] Ferrand 23–24.

[293] Boasson.

[294] Cariot, II-27.

[295] Ibid., II-31.
[296] Cariot, I-6.
[297] Ibid., II-52.
[298] Ibid., II-52.
[299] Cerisier-ben Guiga.
[300] « Les deux ministres ont réaffirmé l'importance stratégique de l'enseignement français à l'étranger. » (*Réunion interministérielle* 1)
[301] "Assurer un développement maîtrisé du réseau des établissements français homologués, avec une meilleure allocation des moyens en fonction des priorités diplomatiques françaises". (*Réunion interministérielle* 1).
[302] Joutard.
[303] Ibid.
[304] Ibid.
[305] Ibid.
[306] Voir le chapitre VI.
[307] Il existe aussi une traduction anglaise : *Coup d'Etat in a School: Politics, Ambition, and a Settling of Scores in an Academic Community in the United States.*
[308] B. Weber.
[309] Roubichou 2.
[310] Roubichou 11.
[311] Roubichou 11.
[312] B. Weber.
[313] Ibid.
[314] Lasser 335.
[315] Zivkovic.
[316] Joutard.
[317] Ibid.
[318] Crosier   et Parveva 19.
[319] Joutard.
[320] Ibid.
[321] Pine.
[322] Ibid.
[323] Ibid.
[324] Reilly.

[325] Ibid.

[326] Ibid.

[327] Pine.

[328] Mancel et al., sec. II.A.2.

[329] Mancel et al., sec. II.A.3.a.

[330] Boasson.

[331] Ibid.

[332] Mancel et al., sec.II.A.2.

[333] « [L'AEFE a pour objet] de contribuer, notamment par l'accueil d'élèves étrangers, au rayonnement de la France et de la culture française ».

[334] Mancel et al., sec.II.A.4. a.

[335] Mancel et al., sec.II.A.4.a.

[336] Pour certains commentateurs, ceci n'était en rien le fait du hasard. Par exemple, un article du *Monde* fait remarquer que 60% des deux ou trois millions de Français vivant à l'étranger votèrent pour Sarkozy lors des élections de 2007. (Laurent).

[337] Boasson.

[338] Reilly.

[339] Mancel et al., sec.II.A.4.b.

[340] Haimo.

[341] Ibid.

[342] Ibid.

[343] « Mission et Vision ».

[344] Lynch.

[345] Ibid.

[346] Ibid.

[347] Ibid.

[348] Ibid.

[349] Ibid.

[350] Ibid.

[351] Pine.

[352] Ibid.

[353] Lynch.

[354] Chirac.

[355] Ross et Jaumont, 1-18.

[356] « Mission Statement ».

[357] Ross and Jaumont 1–18.

[358] Jaumont, *La Révolution bilingue.*

[359] Cariot II-11.

[360] Jaumont, entretien privé.

[361] Ibid.

[362] Ibid.

[363] Weil; Brubaker.

[364] (*L'Enseignement Français à l'étranger* 7).

[365] « Mais, en tout état de cause, préserver et développer ce précieux outil d'influence et de rayonnement de la France dans le monde, conforter cet instrument majeur au service de la francophonie, exigent que soient opérés sans tarder les choix indispensables pour lui insuffler une nouvelle dynamique. »

Index

A propos de l'auteur

Jane Flatau Ross a plus de 40 ans d'expérience dans le domaine de l'éducation internationale, y compris une longue carrière au Lycée Français de New York. Elle est fondatrice et présidente du French Heritage Language Program, une organisation dont le but est de fournir un enseignement en français aux immigrants francophones aux États-Unis et de leur apporter un soutien.

Jane Ross est titulaire d'une licence de français et d'histoire de Swarthmore College, d'une maîtrise d'anglais de Hunter College et d'un doctorat en Education internationale de New York University.

Jane Ross est co-autrice de nombreux d'articles et chapitres de livres sur le développement des programmes de Français langue patrimoniale, et sur les initiatives bilingues et programmes à deux langues. Le gouvernement français lui a décerné la Légion d'Honneur ainsi que les Palmes académiques pour son travail en faveur de l'éducation française

A propos de la traductrice

Catherine Dop-Miller a fait sa scolarité en France et aux États Unis. Elle est titulaire d'un Ph.D. en littérature française de New York University et a enseigné le français au niveau universitaire ainsi qu'au LFNY. Elle travaille comme traductrice depuis 10 ans.

A propos de TBR Books

TBR BOOKS

Un programme de CALEC

TBR Books est un programme du Centre pour l'Avancement des Langues, de l'Éducation et des Communautés. Nous publions des chercheurs et des praticiens qui cherchent à engager diverses communautés sur des sujets liés à l'éducation, aux langues, à l'histoire culturelle et aux initiatives sociales. Nous traduisons nos livres dans diverses langues afin d'accroître notre impact.

LIVRES EN FRANÇAIS

Deux siècles d'enseignement français à New York : le rôle des écoles dans la diplomatie culturelle de Jane Flatau Ross

Le projet Colibri : créer à partir de "rien" de Vickie Frémont

Pareils mais différents : une exploration des différences entre les Américains et les Français au travail de Sabine Landolt et Agathe Laurent

Le don des langues : vers un changement de paradigme dans l'enseignement des langues aux USA de Fabrice Jaumont et Kathleen Stein-Smith

La Révolution bilingue : le futur de l'éducation s'écrit en deux langues de Fabrice Jaumont

EDITIONS BILINGUES

Peshtigo 1871 de Charles Mercier

The Word of the Month de Ben Lévy, Jim Sheppard et Andrew Arnon

EN D'AUTRES LANGUES

Open Letters to Dual-Language Immersion Stakeholders. Part 1: Letters to Teachers de Valerie Sun.

One Good Question: How to Ask Challenging Questions that Lead You to Real Solutions de Rhonda Broussard

La Rivoluzione bilingue : Il futuro dell'istruzione in due lingue de Fabrice Jaumont

El regalo de las lenguas : Un cambio de paradigma en la enseñanza de las lenguas en Estados Unidos de Fabrice Jaumont et Kathleen Stein-Smith

Rewolucja Dwujęzyczna : Przyszłość edukacji jest w dwóch językach de Fabrice Jaumont

Can We Agree to Disagree? de Sabine Landolt et Agathe Laurent

Salsa Dancing in Gym Shoes de Tammy Oberg de la Garza et Alyson Leah Lavigne

Mamma in her Village de Maristella de Panniza Lorch

The Other Shore de Maristella de Panniza Lorch

The Clarks of Willsborough Point de Darcey Hale

Beyond Gibraltar de Maristella de Panniza Lorch

Two Centuries of French Education in New York: The Role of Schools in Cultural Diplomacy de Jane Flatau Ross

The Bilingual Revolution: The Future of Education is in Two Languages de Fabrice Jaumont

POUR LES ENFANTS (disponibles en plusieurs langues)

Rainbows, Masks, and Ice Cream de Deana Sobel Lederman

Korean Super New Years with Grandma de Mary Chi-Whi Kim et Eunjoo Feaster

Math for All de Mark Hansen

Rose Alone de Sheila Decosse

Nos livres sont disponibles sur notre site web et sur toutes les grandes librairies en ligne en livre de poche et en livre électronique. Certains de nos livres sont disponibles en allemand, anglais, arabe, chinois, coréen, espagnol, français, hébreu, italien, japonais, polonais, portugais, roumain, russe, swahili et ukrainien. Pour obtenir une liste de tous les livres publiés par TBR Books, des informations sur nos séries ou nos directives de soumission pour les auteurs, visitez notre site web : **www.tbr-books.org**

A propos de CALEC

Le Centre pour l'Avancement des Langues, de l'Éducation et des Communautés est une organisation à but non lucratif qui se concentre sur le multilinguisme, la compréhension interculturelle et la diffusion des idées. Notre mission est de transformer des vies en aidant les communautés linguistiques à créer des programmes innovants et en soutenant les parents et les éducateurs par la recherche, les publications, le mentorat et les contacts.

Nous avons servi de nombreuses communautés par le biais de nos programmes phares, parmi lesquels

- TBR Books, notre maison d'édition, qui publie des recherches, des essais et des études de cas en mettant l'accent sur les idées novatrices en matière d'éducation, de langues et de développement culturel ;

- Notre plateforme en ligne fournit des informations, un accompagnement, un soutien aux familles multilingues qui cherchent à créer des programmes bilingues dans les écoles ;

- NewYorkinFrench.net, une plateforme en ligne qui fournit des outils de collaboration pour soutenir la communauté francophone de New York et la diversité des personnes qui parlent français.

Nous soutenons également les parents et les éducateurs qui souhaitent faire progresser les langues, l'éducation et les communautés. Nous participons à des événements et des conférences qui favorisent le multilinguisme et le développement culturel. Nous offrons des services de conseil aux directeurs d'école et aux éducateurs qui mettent en œuvre des programmes multilingues dans leur école. Pour plus d'informations et de moyens, vous pouvez soutenir notre mission, visitez notre site internet : **www.calec.org**

www.ingramcontent.com/pod-product-compliance
Lightning Source LLC
Chambersburg PA
CBHW021226090426
42740CB00006B/394